AF511004

Das große Strickmuster 1x1

Die schönsten Patent-Muster

Das große Strickmuster 1x1

Babette Ulmer

Die schönsten PATENT MUSTER

Band 3

CV

Inhalt

Patentmuster

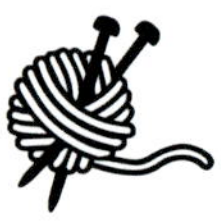

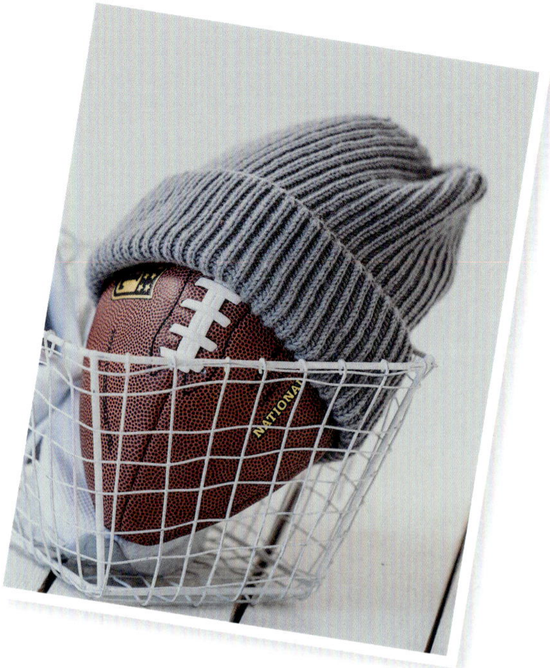

Projekte

Vorwort

Patentmuster!

Sie sind die Klassiker unter den Strickmustern. Von vielen geliebt und gleichzeitig gehasst. Aufwendig zu stricken, da man für eine sichtbare Reihe immer zwei Reihen stricken muss. Aber das Ergebnis lohnt sich!

In diesem Buch werden sowohl die klassischen Patentmuster als auch Patent in Zopf- oder Ajourmustern gezeigt, außerdem verschiedene zweifarbige Patentmuster, die auch als Brioche bekannt sind.

Patentmuster lassen sich auf zwei Arten stricken. Für die klassische Patentmasche wird in der Rückreihe 1 Masche abgehoben, über die gleichzeitig noch ein Umschlag gelegt wird, und in der folgenden Hinreihe wird diese Masche mit ihrem Umschlag dann rechts zusammengestrickt. Alternativ erhält man dieselbe Patentmasche aber auch, indem man eine tiefgestochene Masche eine Reihe tiefer arbeitet. Beide Arten werden in diesem Buch vorgestellt und bei den Grundmustern auch ausführlich beschrieben.

Im Musterteil werden die Muster dann wie in allen Büchern in der Buchreihe „Strickmusterbibliothek" sowohl im Text wie in der Strickschrift beschrieben. Bei den Patentgrundmustern, dem Vollpatent und dem Halbpatent, wird zudem auch beschrieben, wie sie in Runden gestrickt werden.

Im Modellteil des Buchs kommen die vorgestellten Muster dann gleich zum Einsatz: in Pullovern, Jacken, Schals, Mützen, Stulpen oder auch Decken. Viel Spaß beim Patentstricken!

Babette Ulmer

Über die Autorin

Stricken gehört seit der Teenagerzeit zu ihrem Alltag dazu: Babette Ulmer studierte Modedesign mit Schwerpunkt Maschen und hat ihr Hobby zum Beruf gemacht. Nach mehreren Jahren Berufserfahrung ist sie seit 2001 selbstständig. Sie arbeitet für verschiedene Firmen in der Handarbeitsbranche, entwirft Modelle und schreibt Anleitungen sowie seit 2007 zahlreiche bekannte Buchtitel, darunter „Stricken lernen. Der Schritt-für-Schritt Grundkurs", oder auch „Pullover stricken lernen".

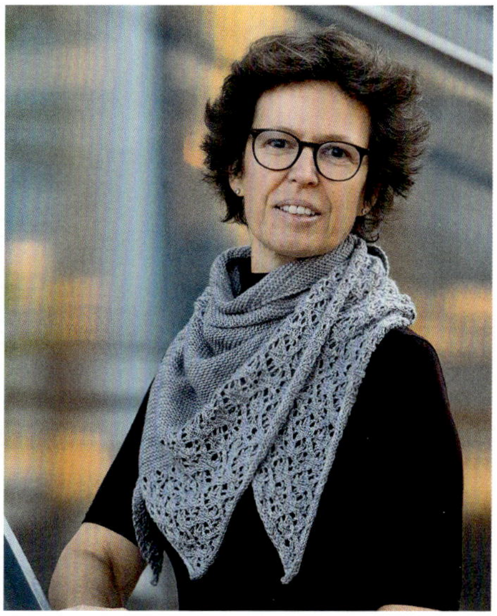

Patentmaschen

Patentmaschen sind Maschen, die etwas erhabener und langgezogener sind als normal gestrickte Maschen. Sie gehen in ihrer Höhe über 2 Reihen. Kombiniert man sie mit anderen Maschen oder Musterelementen, ergibt sich eine ganz eigene Art von Strickmustern: Patentmuster, die in diesem Band der Strickmusterbibliothek vorgestellt werden.

Patentmaschen lassen sich auf zwei verschiedene Arten arbeiten: als klassische Patentmasche, die mit einem Umschlag abgehoben und später zusammengestrickt wird, oder als tiefgestochene Masche. Beide unterscheiden sich optisch nicht. Gemeinsam ist ihnen auch, dass für EINE auf der Vorderseite sichtbare Patentmasche jeweils zwei Reihen gestrickt werden müssen.

Klassische Patentmasche

Abb. 1

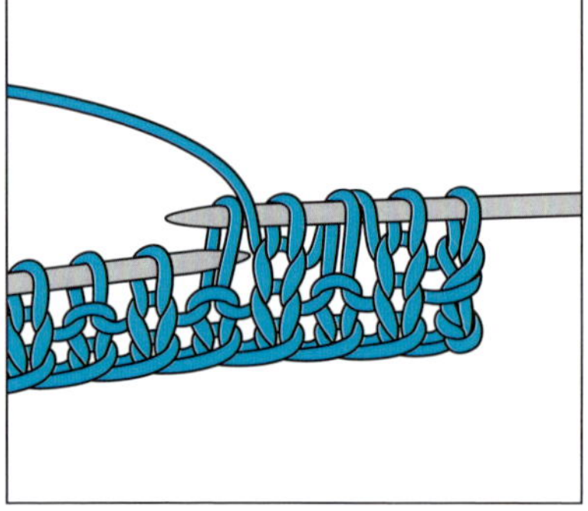

Abb. 2

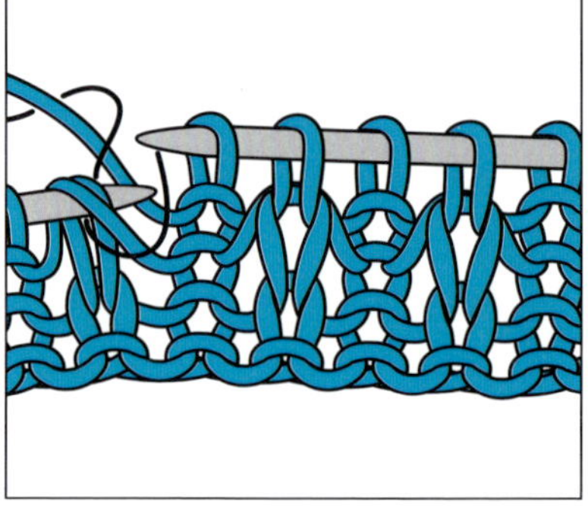

Für eine Patentmasche in der 1. Reihe, einer Rückreihe, den Faden nach vorne nehmen, die Masche wie zum Linksstricken abheben und dabei einen Umschlag von vorne nach hinten über die abgehobene Masche legen. Abb 1. In der folgenden Reihe diese Masche mit ihrem Umschlag rechts zusammenstricken. Abb 2.

Tiefgestochene rechte Masche

Abb. 3

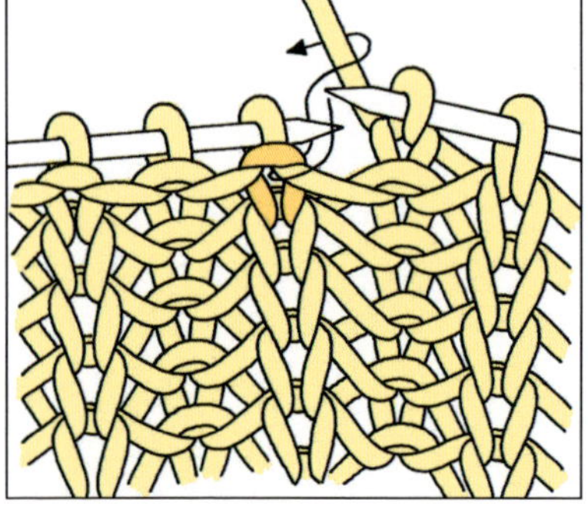

Für eine tiefgestochene rechte Masche in der 1. Reihe, einer Rückreihe, die Masche rechts oder links stricken. In der folgenden Reihe mit der Nadel von vorne 1 Reihe unter der Masche einstechen und diese rechts stricken. Dabei löst sich die Masche der letzten Reihe auf. Abb.3

Patentmuster

Ganz spezielle Muster entstehen, wenn Patentmaschen mit anderen Maschen abgewechselt oder mit Musterelementen wie Zöpfen oder Ajourmustern kombiniert werden. Besonders interessant sind 2- oder mehrfarbige Muster. Obwohl die einzelnen Reihen mit immer nur einer Farbe gestrickt werden, entstehen senkrechte Farbrippen, wenn sich Patentmaschen in der Farbe der unteren Reihe mit den Maschen abwechseln, die gerade in einer anderen Farbe gestrickt werden.

Für viele mehrfarbige Patentmuster müssen jeweils 2 Hinreihen und 2 Rückreihen nacheinander gestrickt werden. Dazu arbeitet man mit der Rundstricknadel, wendet nach der 1. Hinreihe nicht, sondern schiebt die Maschen wieder an das andere Ende und strickt mit der nächsten Farbe eine weitere Hinreihe. Erst dann wird gewendet und es werden auf gleiche Weise 2 Rückreihen gestrickt.

Randmaschen für Patentmuster

Randmaschen, die in jeder Reihe gestrickt werden, sind für Patentmuster nicht geeignet. Solche Ränder würden wellen. Daher sind abgehobene Randmaschen besser:
Dazu die 1. M jeder R mit dem Faden hinter der Arbeit wie zum Linksstricken abheben und die letzte M jeder R rechts stricken.

Eigenarten und Besonderheiten

Patent fällt in der Regel lockerer aus als normal Gestricktes. Außerdem neigt es dazu, ein wenig aus der Form zu gehen. Insbesondere das Halbpatent neigt zum Längen, Vollpatent eher dazu, in die Breite zu gehen. Daher sollten Patentmuster immer etwas fester gestrickt werden. Ich empfehle mindestens eine halbe Nadelstärke kleiner als für glatt rechts Gestricktes. Halbpatent ist insgesamt etwas formstabiler als Vollpatent. So dekorativ Patent ist, es trägt leider etwas auf.

Beide Patent-Strickarten, also klassische Patentmuster und Muster mit tiefgestochenen Maschen, unterscheiden sich optisch nicht, jedoch fällt das Gestrick bei tiefgestochenen Maschen lockerer aus und verbraucht demnach auch mehr Garn. Der Garnverbrauch ist bei beiden Patent-Strickarten deutlich höher als bei normal Gestricktem.

Abb. 4

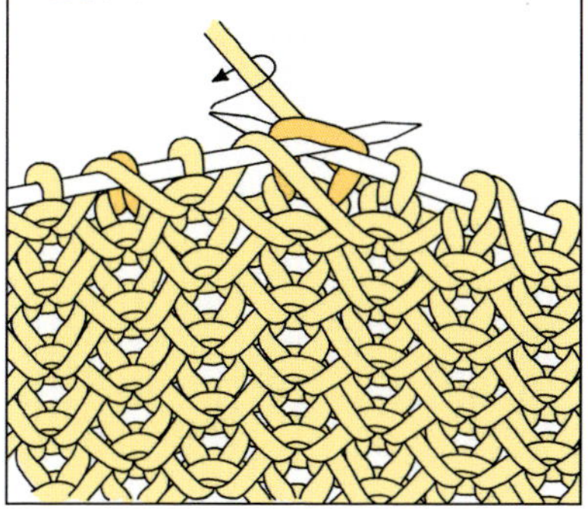

Werden Patentmaschen in einem Muster oder an den Seitenrändern zur Formgebung zusammengestrickt, werden die Patentmasche und ihr Umschlag immer gemeinsam erfasst, ohne dass dieses gesondert vermerkt wird. Sollen Masche und Umschlag einer Patentmasche getrennt gearbeitet werden wie z.B. beim Netzpatent, wird dies zusätzlich notiert.

Um Masche und Umschlag getrennt zu arbeiten, die Masche, die sich ein wenig hinter dem Umschlag versteckt, rechts stricken. Abb 4. Dann den Umschlag mit dem Faden hinter der Arbeit abheben.

Muster- und Modellanleitungen

Für jede Strickanleitung gilt: Bitte alles erst einmal durchlesen! Damit gewinnt man einen Überblick über das Projekt und wird nicht mittendrin unerwartet überrascht.

Im Musterteil werden alle Patentmuster sowohl durch Strickschrift als auch durch ausgeschriebene Textanleitung beschrieben. Beide Darstellungen können sich bei Unklarheiten gut ergänzen.
Bei jedem Muster werden die Maschenzahl des Rapports, dann die Anfangs- und Endmaschen und die beiden Randmaschen angegeben, und schließlich, welche Reihen wiederholt werden. Damit lässt sich das Muster auch leicht für eigene Strickprojekte verwenden.

Stricken nach ausgeschriebenem Text

Im Text werden die Muster Reihe für Reihe und Masche für Masche ausgeschrieben. Der Rapport steht zwischen Sternchen * *, kleinere Wiederholungen zwischen [ ], dann folgt die Angabe, wie oft wiederholt wird. Abschließend findet man noch die Angabe, welche Reihen in der Höhe wiederholt werden.

Stricken nach Strickschrift

In Strickschriften werden Hin- und Rückreihen gezeichnet. Die Maschen sind so gezeichnet, wie sie gestrickt werden. Wie die Symbole einer Strickschrift zu lesen sind, wird unter jeder Strickschrift in der Zeichenerklärung angegeben. Gut darauf achten, ob das Muster mit einer Hin- oder Rückreihe beginnt!

Strickschriften immer in Strickrichtung lesen, also Hinreihen von rechts nach links und Rückreihen von links nach rechts. Man kann sich dabei leicht an der Position der Reihennummer orientieren. Ziffern rechts neben der Strickschrift markieren Hinreihen, Ziffern links neben der Strickschrift Rückreihen. Bei Strickschriften für ein in Runden gestricktes Muster stehen alle Ziffern auf der rechten Seite. Bei zweifarbigen Patentmustern sind die Reihenziffern zudem in der Farbe notiert, in der die Reihe gestrickt wird.

In Hinreihen mit der Randmasche und den Maschen vor dem rechten Pfeil beginnen, dann den Rapport zwischen den Pfeilen wiederholen und mit den Maschen nach dem linken Pfeil enden. In allen Rückreihen die Strickschrift entsprechend von links nach rechts lesen. Unter der Strickschrift wird angegeben, welche Reihen wiederholt werden.

Musterdarstellungen im Modellteil und im Musterteil

Im Musterteil werden alle vorgestellten Muster in Hin- und Rückreihen in ihrer Grundform gerade hoch mit Randmaschen beschrieben. Der Modellteil zeigt dann, was man aus diesen Grundmustern machen kann oder wie sie in einem Modell mit eigener Formgebung eingesetzt werden können. Diese Beispiele dürfen gerne animieren, selbst mit den Mustern kreativ zu werden.

Folgende Abkürzungen werden verwendet:

M = Masche oder Maschen
R = Reihe oder Reihen
Rd = Runde oder Runden
rechts/links zusammen = rechts/links zusammenstricken

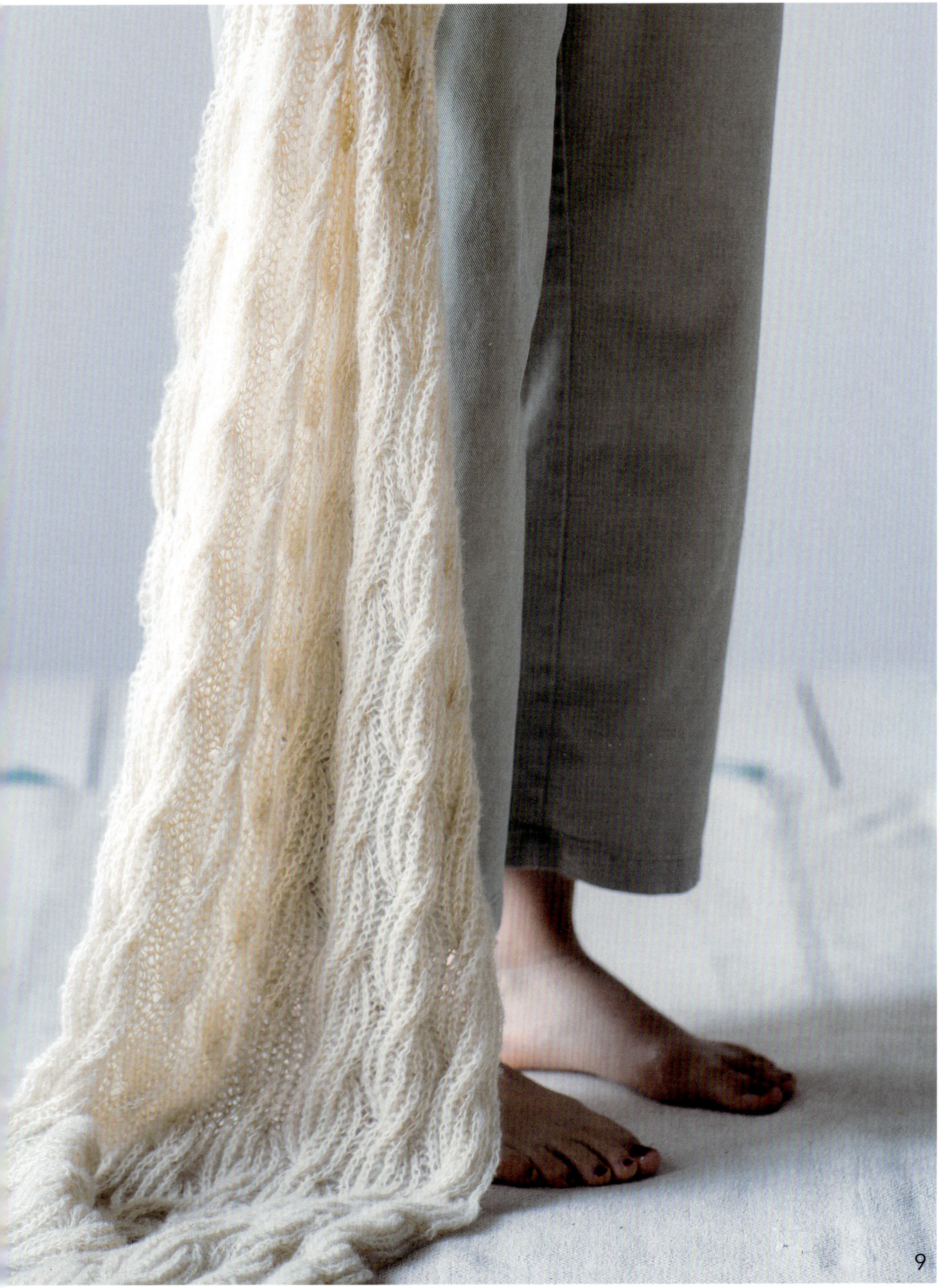

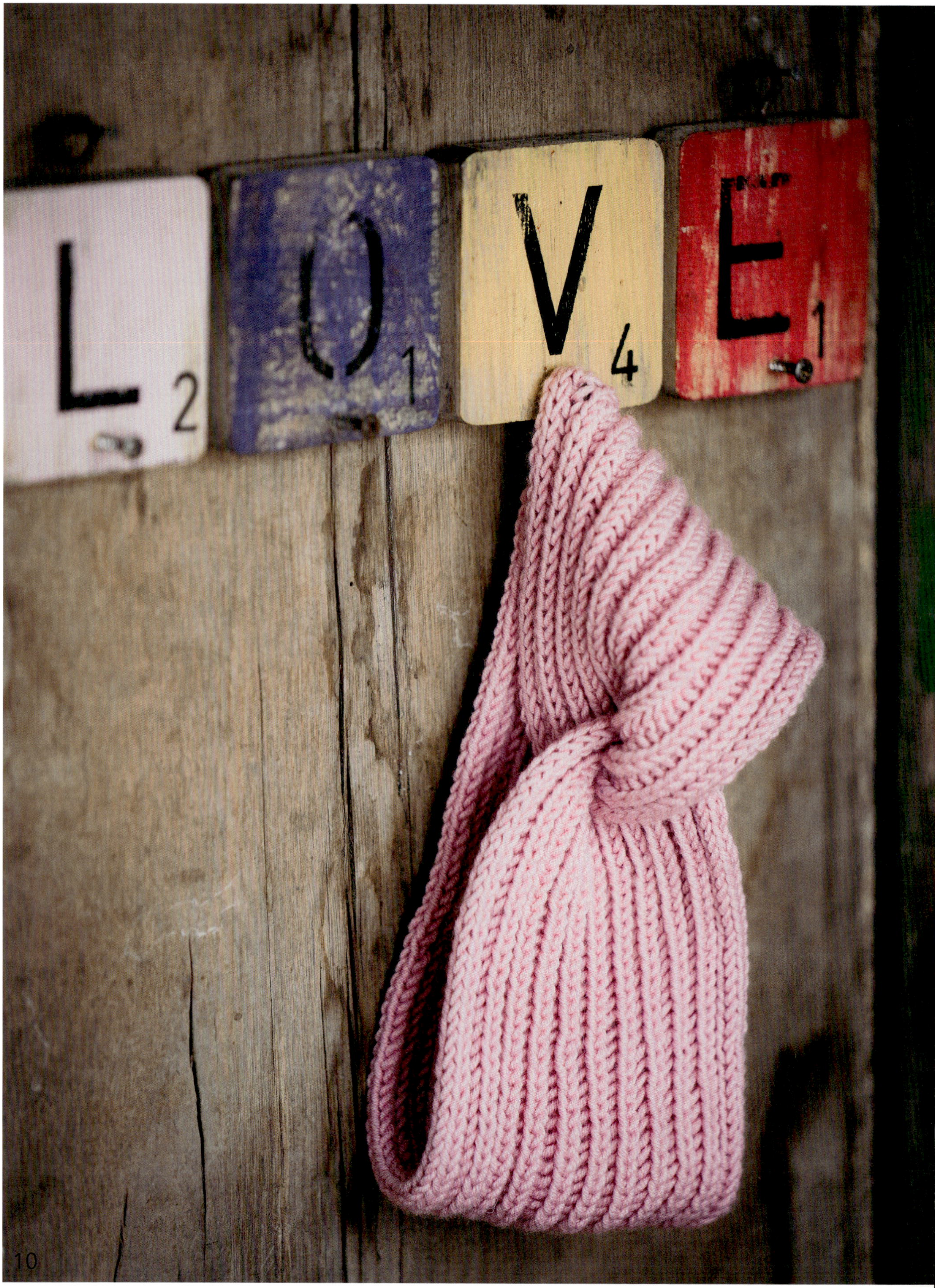
L 2
O 1
V 4
E 1

Besondere Maschen und Techniken

In den Mustern und Modellen dieses Buches werden zudem noch diese Maschen verwendet.

Tiefgestochene linke Masche

Ab und an kann es nötig werden, tiefgestochene Maschen so zu arbeiten, dass sich die Patentmasche auf der Rückseite der Arbeit oder auf der Innenseite von Rundgestricktem zeigt. Dazu von hinten 1 R oder Rd unter der M einstechen und diese links stricken. Dabei löst sich die Masche der letzten Reihe oder Runde auf.

2 Maschen rechts überzogen zusammenstricken

Diese Abnahme wird auch „einfacher Überzug" genannt. Die Abnahme neigt sich im Maschenbild nach links, die Maschenzahl reduziert sich um 1 Masche. Dazu 1 M wie zum Rechtsstricken abheben, 1 M rechts, dann die abgehobene M überziehen.

3 Maschen rechts überzogen zusammenstricken

Diese Abnahme wird auch „doppelter Überzug" genannt. Die Abnahme neigt sich im Maschenbild nach links, die Maschenzahl reduziert sich um 2 Maschen. Dazu 1 M wie zum Rechtsstricken abheben, 2 M rechts zusammen, dann die abgehobene M überziehen.

3 Maschen mit aufliegender Mittelmasche rechts zusammenstricken

Die Abnahme weist im Maschenbild keine Neigung auf, die Maschenzahl reduziert sich um 2 Maschen. Dazu 2 M gemeinsam wie zum Rechtsstricken abheben, 1 M rechts, dann die beiden abgehobenen M zusammen überziehen.

3 Maschen aus 1 Masche herausstricken

Wie zum Rechtsstricken in die M einstechen und den Faden holen. Die M noch nicht von der linken Nadel gleiten lassen, sondern 1 Umschlag auf die Nadel nehmen, wieder wie zum Rechtsstricken in die M einstechen und den Faden holen. Nun die M von der Nadel gleiten lassen.

5 Maschen aus 1 Masche herausstricken

* Wie zum Rechtsstricken in die M einstechen und den Faden holen. Die M noch nicht von der linken Nadel gleiten lassen, sondern 1 Umschlag auf die Nadel nehmen; ab * noch 1x wiederholen, wieder zum Rechtsstricken in die M einstechen und den Faden holen. Nun die M von der Nadel gleiten lassen.

Doppelte Randmaschen

Diese Randmaschen werden über jeweils 2 Maschen an beiden Rändern, also insgesamt über 4 Maschen gearbeitet und eignen sich auch für Patentmuster.

<u>In den Hinreihen</u> die 1. M rechts stricken, die 2. M abheben (Faden hinter der Arbeit); am Ende der R die vorletzte M abheben (Faden hinter der Arbeit) und die letzte M rechts stricken.
<u>In den Rückreihen</u> die 1. M abheben (Faden vor der Arbeit), die 2. M links stricken; am Ende der R die vorletzte M links stricken und die letzte M abheben (Faden vor der Arbeit).

Falsches Patent

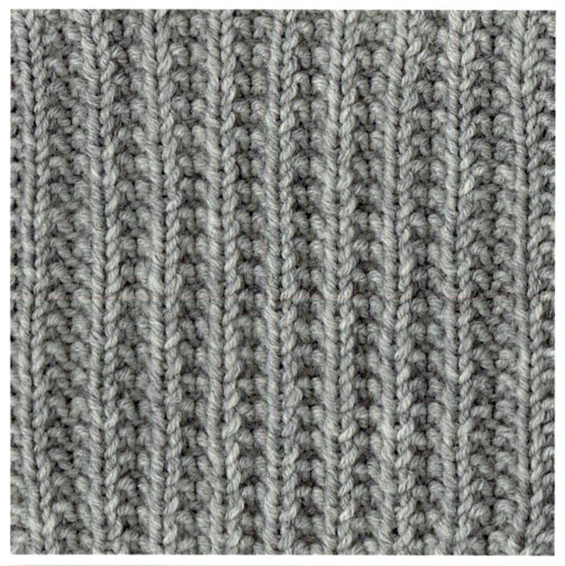

Schwierigkeitsgrad einfach
Kategorie Grundmuster

Maschenzahl teilbar durch 4 + 3 + 2 Randmaschen.

STRICKEN NACH MUSTERBESCHREIBUNG

1. Reihe (Rückreihe): RandM, 1 M rechts, 1 M links, 1 M rechts, * 2 M rechts, 1 M links, 1 M rechts; ab * stets wiederholen, RandM.
2. Reihe (Hinreihe): RandM, * 3 M rechts, 1 M links; ab * stets wiederholen, 3 M rechts, RandM.

Die 1. - 2. Reihe stets wiederholen.

STRICKEN NACH STRICKSCHRIFT

In der Strickschrift sind alle Hin- und Rückreihen des Höhenrapportes notiert. Die Maschen sind so bezeichnet, wie sie gestrickt werden.
In Hin- und Rückreihen rechts notierte Maschen ergeben also ein kraus rechts gestricktes Maschenbild.

In den Hinreihen mit der RandM vor dem rechten Pfeil beginnen, den Rapport von 4 M zwischen den Pfeilen stets wiederholen und mit den M und der RandM nach dem linken Pfeil enden.

In den Rückreihen die Strickschrift entsprechend von links nach rechts lesen.

Die 1. - 2. Reihe stets wiederholen. Die 1. Reihe ist dabei eine Rückreihe.

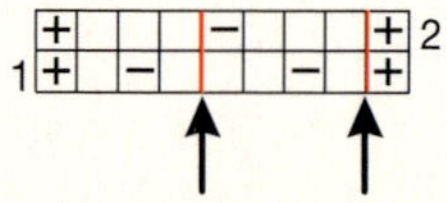

Zeichenerklärung:

+ = Randmasche
□ = 1 Masche rechts
− = 1 Masche links

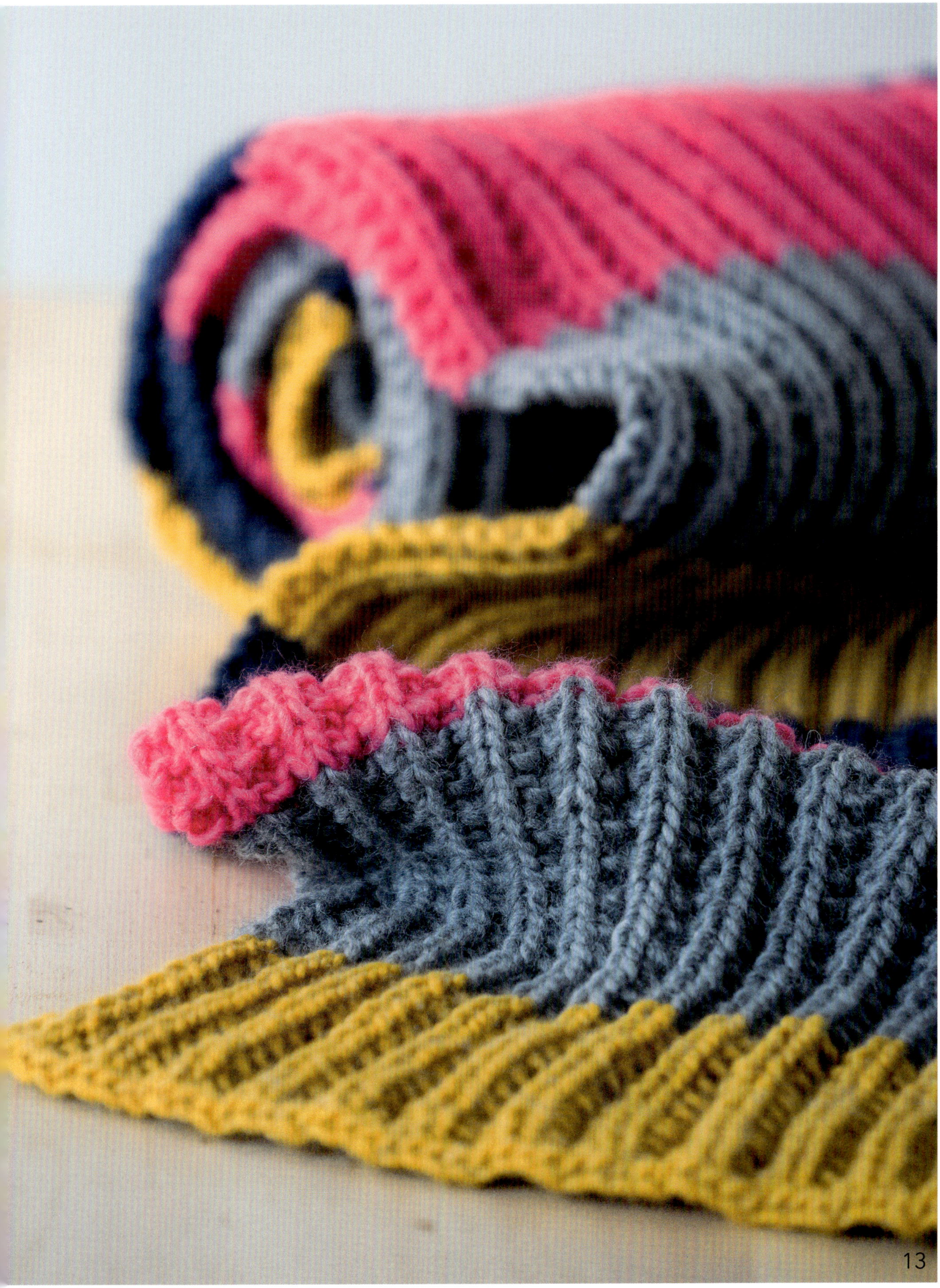

Halbpatent

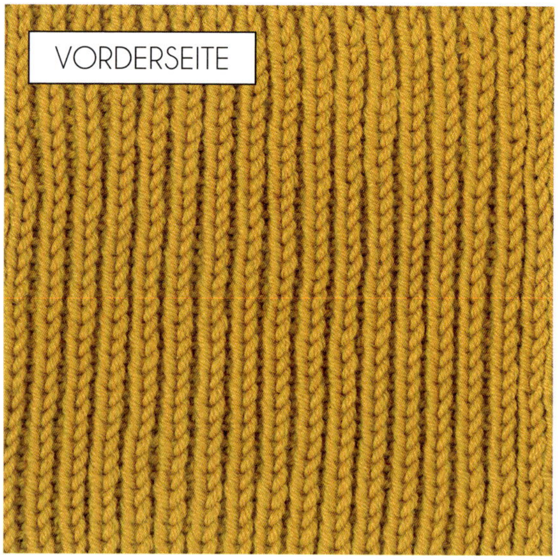

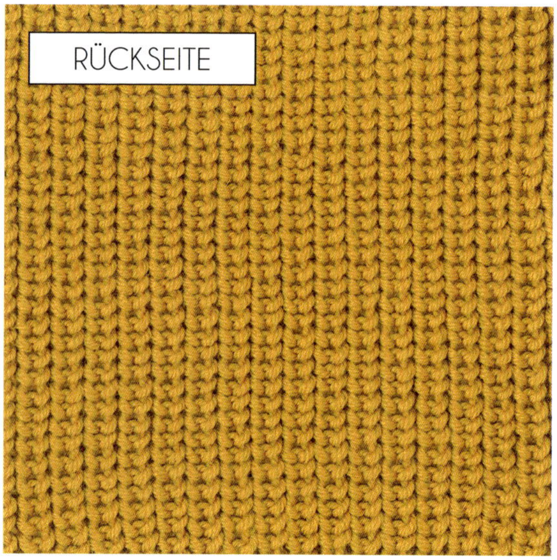

Schwierigkeitsgrad mittel
Kategorie Grundmuster

Maschenzahl teilbar durch 2 + 1 + 2 Randmachen; in Runden teilbar durch 2.

Vorbemerkungen:
Vorder- und Rückseite unterscheiden sich. Eine Seite zeigt typische Patentmaschen, die andere Seite perlige Maschen. Beide Seiten eignen sich als Musterseite.

Das Halbpatent kann mit Patentmaschen oder mit tiefgestochenen Maschen gearbeitet werden. Optisch unterscheiden sie sich nicht, jedoch wird das Gestrick mit tiefgestochenen Maschen lockerer und verbraucht mehr Garn.

Randmaschen für das Halbpatent:
Die 1. M jeder R abheben (Faden hinten), die letzte M rechts stricken.

STRICKEN NACH MUSTERBESCHREIBUNG
Bei allen Beschreibungen auf Hin- und Rückreihen achten! Alle Varianten werden zum Stricken in Reihen und in Runden beschrieben.

Halbpatent mit Patentmaschen

Halbpatent in Reihen: Patentmaschen vorne
1. Reihe (Rückreihe): RandM, 1 M rechts, * 1 M mit Umschlag abheben, 1 M rechts; ab * stets wiederholen, RandM.
2. Reihe (Hinreihe): RandM, * 1 M links, 1 M mit dem Umschlag rechts zusammen; ab * stets wiederholen, 1 M links, RandM.
Die 1. – 2. Reihe stets wiederholen.

Halbpatent in Runden: Patentmaschen vorne
1. Runde: * 1 M links, 1 M mit Umschlag abheben; ab * stets wiederholen.
2. Runde: * 1 M links, 1 M mit dem Umschlag rechts zusammen; ab * stets wiederholen.
Die 1. – 2. Runde stets wiederholen.

Halbpatent in Reihen: perlige Maschen vorne
1. Reihe (Rückreihe): RandM, 1 M links, * 1 M mit Umschlag abheben, 1 M links; ab * stets wiederholen, RandM.
2. Reihe (Hinreihe): RandM, * 1 M rechts, 1 M mit dem Umschlag links zusammen; ab * stets wiederholen, 1 M rechts, RandM.
Die 1. -2. Reihe stets wiederholen.

Halbpatent in Runden: perlige Maschen vorne
1. Runde: * 1 M rechts, 1 M mit Umschlag abheben; ab * stets wiederholen.
2. Runde: * 1 M rechts, 1 M mit dem Umschlag links zusammen; ab * stets wiederholen.
Die 1. – 2. Runde stets wiederholen.

Halbpatent mit tiefgestochenen Maschen

Halbpatent in Reihen: Patentmaschen vorne
1. Reihe (Rückreihe): RandM, 1 M rechts, * 1 M links, 1 M rechts; ab * stets wiederholen, RandM.
2. Reihe (Hinreihe): RandM, * 1 M links, 1 tiefgestochene rechte M (= in die M 1 R tiefer einstechen und rechts stricken, dabei löst sich die M der letzten R auf); ab * stets wiederholen, 1 M links, RandM.
Die 1. - 2. Reihe stets wiederholen.

Halbpatent in Runden: Patentmaschen vorne
1. Runde: * 1 M links, 1 M rechts; ab * stets wiederholen.
2. Runde: * 1 M links, 1 tiefgestochene rechte M (= in die M 1 Rd tiefer einstechen und rechts stricken, dabei löst sich die M der letzten Rd auf); ab * stets wiederholen.
Die 1. - 2. Runde stets wiederholen.

Halbpatent in Reihen: perlige Maschen vorne
1. Reihe (Rückreihe): RandM, 1 M rechts, * 1 M links, 1 M rechts; ab * stets wiederholen, RandM.
2. Reihe (Hinreihe): RandM, * 1 tiefgestochene linke M (= in die M 1 R tiefer einstechen und links stricken, dabei löst sich die M der letzten R auf), 1 M rechts; ab * stets wiederholen, 1 tiefgestochene linke M, RandM.
Die 1. - 2. Reihe stets wiederholen.

Halbpatent in Runden: perlige Maschen vorne
1. Runde: * 1 M links, 1 M rechts; ab * stets wiederholen.
2. Runde: * 1 tiefgestochene linke M (= in die M 1 Rd tiefer einstechen und links stricken, dabei löst sich die M der letzten Rd auf), 1 M rechts; ab * stets wiederholen.
Die 1. - 2. Runde stets wiederholen.

STRICKEN NACH STRICKSCHRIFT

Für das Halbpatent in Reihen sind in den Strickschriften alle Hin- und Rückreihen des Höhenrapportes notiert. Die Maschen sind so bezeichnet, wie sie gestrickt werden.
In den Hinreihen mit der RandM vor dem rechten Pfeil beginnen, den Rapport von 2 M zwischen den Pfeilen stets wiederholen und mit der M und der RandM nach dem linken Pfeil enden.
In den Rückreihen die Strickschrift entsprechend von links nach rechts lesen.
Die 1. - 2. Reihe stets wiederholen. Die 1. Reihe ist dabei eine Rückreihe.

Für das Halbpatent in Runden sind in den Strickschriften alle Runden des Höhenrapportes notiert. In jeder Rd den Rapport von 2 M zwischen den Pfeilen stets wiederholen.
Die 1. - 2. Runde stets wiederholen.

Halbpatent mit Patentmaschen

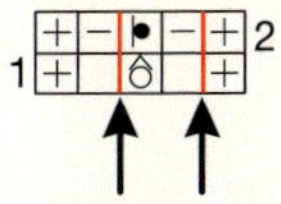

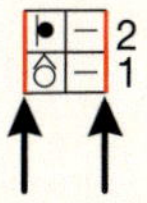

Patentmaschen vorne

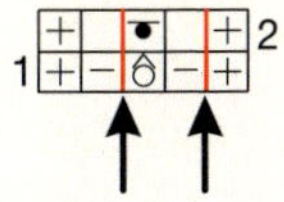

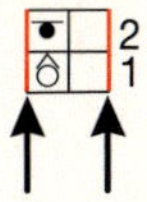

Perlige Maschen vorne

Halbpatent mit tiefgestochenen Maschen

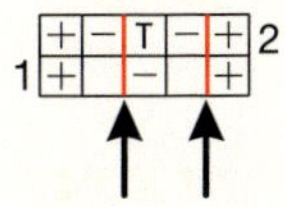

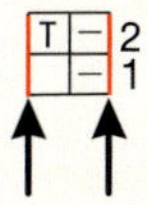

Patentmaschen vorne

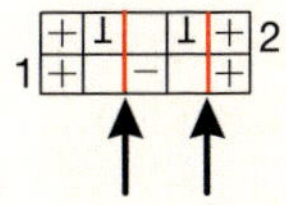

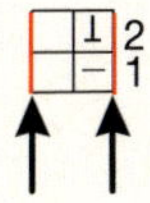

Perlige Maschen vorne

Jeweils links die Strickschriften zum Arbeiten in Hin-und Rückreihen, rechts zum Arbeiten in Runden.

Zeichenerklärung:

- [+] = Randmasche (= die 1. Masche jeder Reihe abheben, die letzte Masche jeder Reihe rechts stricken)
- [ ] = 1 Masche rechts
- [–] = 1 Masche links
- [T] = 1 tiefgestochene rechte Masche
- [⊥] = 1 tiefgestochene linke Masche
- [Umschlag-Symbol] = 1 Masche mit Umschlag abheben
- [Punkt links] = 1 Masche mit dem Umschlag rechts zusammenstricken
- [Punkt oben] = 1 Masche mit dem Umschlag links zusammenstricken

Vollpatent

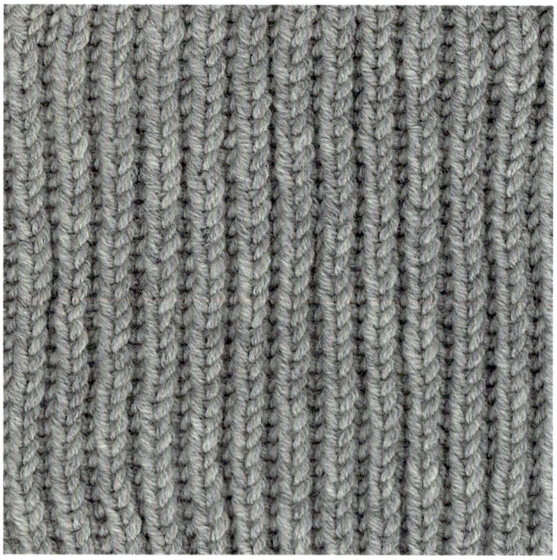

Schwierigkeitsgrad mittel
Kategorie Grundmuster

Maschenzahl in Reihen teilbar durch 2 + 1 + 2 Randmachen; in Runden teilbar durch 2.

Vorbemerkungen:
Vorder- und Rückseite unterscheiden sich nicht. Das Vollpatent kann mit Patentmaschen oder mit tiefgestochenen Maschen gestrickt werden. Optisch unterscheiden sie sich nicht, jedoch wird das Gestrick mit tiefgestochenen Maschen lockerer und verbraucht mehr Garn.

Randmaschen für das Vollpatent:
Die 1. M jeder R abheben (Faden hinten), die letzte M rechts stricken.

STRICKEN NACH MUSTERBESCHREIBUNG

Bei allen Beschreibungen auf Hin- und Rückreihen achten! Alle Varianten werden zum Stricken in Reihen und in Runden beschrieben.

Vollpatent mit Patentmaschen

Vollpatent in Reihen:
1. Reihe (Hinreihe): RandM, * 1 M mit Umschlag abheben, 1 M rechts; ab * stets wiederholen, 1 M mit Umschlag abheben, RandM.
2. Reihe (Rückreihe): RandM, 1 M mit dem Umschlag rechts zusammen, * 1 M mit Umschlag abheben; ab * stets wiederholen, 1 M mit dem Umschlag rechts zusammen, RandM.
3. Reihe (Hinreihe): RandM, * 1 M mit Umschlag abheben, 1 M mit dem Umschlag rechts zusammen; ab * stets wiederholen, 1 M mit Umschlag abheben, RandM.

1x die 1. - 3. Reihe arbeiten, dann die 2. - 3. Reihe stets wiederholen.

Vollpatent in Runden:
1. Runde: * 1 M mit Umschlag abheben, 1 M rechts; ab * stets wiederholen.
2. Runde: * 1 M mit Umschlag links zusammen, 1 M mit Umschlag abheben; ab * stets wiederholen.
3. Runde: * 1 M mit Umschlag abheben, 1 M mit Umschlag rechts zusammenstricken; ab * stets wiederholen.

1x die 1. - 3. Runde arbeiten, dann die 2. - 3. Runde stets wiederholen.

Vollpatent mit tiefgestochenen Maschen

Vollpatent in Reihen:
1. Reihe (Hinreihe): RandM, * 1 M links, 1 M rechts; ab * stets wiederholen, 1 M links, RandM.
2. Reihe (Rückreihe): RandM, 1 tiefgestochene rechte M (= in die M 1 R tiefer einstechen und rechts stricken, dabei löst sich die M der letzten R auf), * 1 M links, 1 tiefgestochene rechte M; ab * stets wiederholen, RandM.
3. Reihe (Hinreihe): RandM, * 1 M links, 1 tiefgestochene rechte M; ab * stets wiederholen, 1 M links, RandM.

1x die 1. - 3. Reihe arbeiten, dann die 2. - 3. Reihe stets wiederholen.

Vollpatent in Runden:
1. Runde: * 1 M links, 1 M rechts; ab * stets wiederholen.
2. Runde: * 1 M links, 1 tiefgestochene rechte M (= in die M 1 Rd tiefer einstechen und rechts stricken, dabei löst sich die M der letzten Rd auf); ab * stets wiederholen.
3. Runde: * 1 tiefgestochene linke M (= in die M 1 Rd tiefer einstechen und links stricken, dabei löst sich die M der letzten Rd auf), 1 M rechts; ab * stets wiederholen.

1x die 1. - 3. Runde arbeiten, dann die 2. - 3. Runde stets wiederholen.

STRICKEN NACH STRICKSCHRIFT

Für das Vollpatent in Reihen sind in den Strickschriften alle Hin- und Rückreihen des Höhenrapportes notiert. Die Maschen sind so bezeichnet, wie sie gestrickt werden.
In den Hinreihen mit der RandM vor dem rechten Pfeil beginnen, den Rapport von 2 M zwischen den Pfeilen stets wiederholen und mit der M und der RandM nach dem linken Pfeil enden.
In den Rückreihen die Strickschrift entsprechend von links nach rechts lesen.

1x die 1. - 3. Reihe arbeiten, dann die 2. - 3. Reihe stets wiederholen.

Für das Vollpatent in Runden sind in den Strickschriften alle Runden des Höhenrapportes notiert. In jeder Rd den Rapport von 2 M zwischen den Pfeilen stets wiederholen.

1x die 1. - 3. Runde arbeiten, dann die 2. - 3. Runde stets wiederholen.

Vollpatent mit Patentmaschen

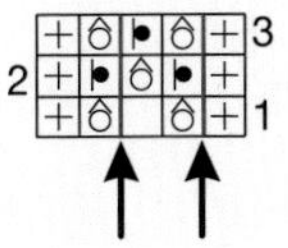

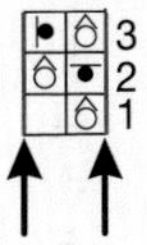

Vollpatent mit tiefgestochenen Maschen

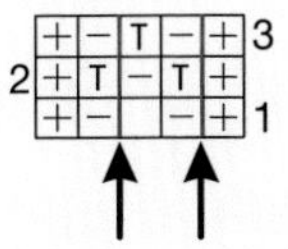

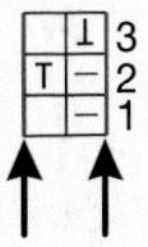

Jeweils links die Strickschrift zum Arbeiten in Hin-und Rückreihen, rechts zum Arbeiten in Runden.

Zeichenerklärung:

[+] = Randmasche (= die 1. Masche jeder Reihe abheben, die letzte Masche jeder Reihe rechts stricken)
[ ] = 1 Masche rechts
[–] = 1 Masche links
[T] = 1 tiefgestochene rechte Masche
[⊥] = 1 tiefgestochene linke Masche
[Ô] = 1 Masche mit Umschlag abheben
[▸] = 1 Masche mit dem Umschlag rechts zusammenstricken
[▾] = 1 Masche mit dem Umschlag links zusammenstricken

Netzpatent

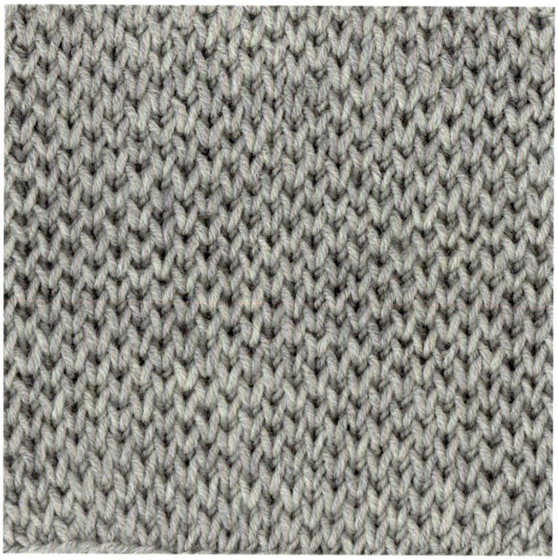

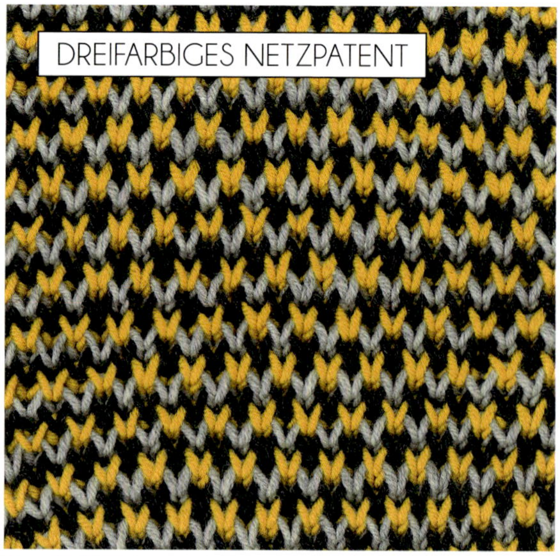

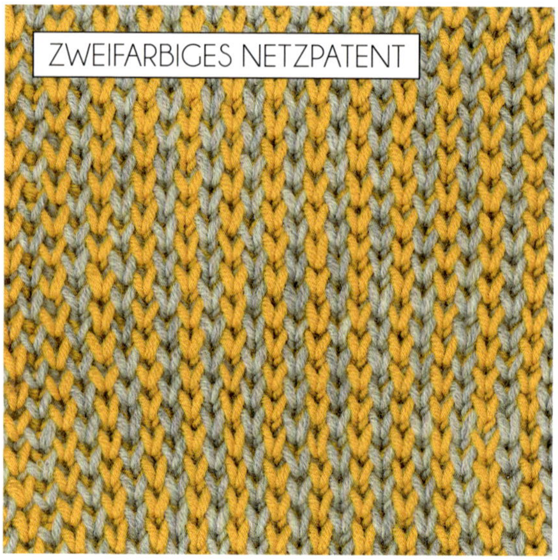

Schwierigkeitsgrad mittel
Kategorie Grundmuster

Maschenzahl teilbar durch 2 + 2 Randmaschen.

Randmaschen für das Netzpatent:
Die 1. M jeder R abheben (Faden hinten), die letzte M rechts stricken.

STRICKEN NACH MUSTERBESCHREIBUNG

1. Reihe (Rückreihe): RandM, * 1 M rechts, 1 M mit Umschlag abheben; ab * stets wiederholen, RandM.

2. Reihe (Hinreihe): RandM, * die folgende M ohne Umschlag rechts stricken (s. Seite 7), dann den Umschlag abheben (mit dem Faden hinter der Arbeit), 1 Masche rechts; ab * stets wiederholen, RandM.

3. Reihe (Rückreihe): RandM, * 1 M mit Umschlag abheben, 1 M mit dem Umschlag rechts zusammen; ab * stets wiederholen, RandM.

4. Reihe: RandM, * 1 M rechts, die folgende M ohne Umschlag rechts stricken, dann den Umschlag abheben (mit dem Faden hinter der Arbeit); ab * stets wiederholen, RandM.

5. Reihe: RandM, * 1 M mit dem Umschlag rechts zusammen, 1 M mit Umschlag abheben; ab * stets wiederholen, RandM.

1x die 1. – 5. Reihe arbeiten, dabei mit 1 Rückreihe beginnen. Dann die 2. – 5. Reihe stets wiederholen.

STRICKEN NACH STRICKSCHRIFT

In der Strickschrift sind alle Hin- und Rückreihen des Höhenrapportes notiert. Die Maschen sind so bezeichnet, wie sie gestrickt werden.

<u>In den Hinreihen</u> mit der RandM vor dem rechten Pfeil beginnen, den Rapport von 2 M zwischen den Pfeilen stets wiederholen und mit der RandM nach dem linken Pfeil enden.
<u>In den Rückreihen</u> die Strickschrift entsprechend von links nach rechts lesen.

1x die 1. - 5. Reihe arbeiten, dabei mit einer Rückreihe beginnen und enden. Dann die 2. - 5. Reihe stets wiederholen.

Streifenfolge:

Das Netzpatent kann klassisch einfarbig, aber auch 2-farbig oder 3-farbig gestrickt werden.

2-farbiges Netzpatent: 1 RückR Farbe A, * 2 R Farbe B, 2 R Farbe A; ab * stets wiederholen.
3-farbiges Netzpatent: 1 RückR Farbe A, * 2 R Farbe B, 2 R Farbe C, 2 R Farbe A; ab * stets wiederholen.

In den hier abgebildeten Farbvarianten wurde Hellgrau als Farbe A, Curry als Farbe B und Dunkelgrau als Farbe C gewählt.

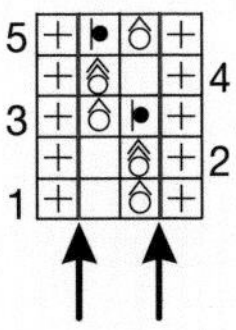

Zeichenerklärung:

⊞ = Randmasche (= die 1. Masche jeder Reihe abheben, die letzte Masche jeder Reihe rechts stricken)

□ = 1 Masche rechts

[Symbol] = die Masche und den Umschlag getrennt stricken, dafür die M ohne Umschlag rechts stricken, dann den Umschlag abheben (mit dem Faden hinten)

[Symbol] = 1 Masche mit Umschlag abheben

[Symbol] = 1 Masche mit dem Umschlag rechts zusammenstricken

Doppelpatent

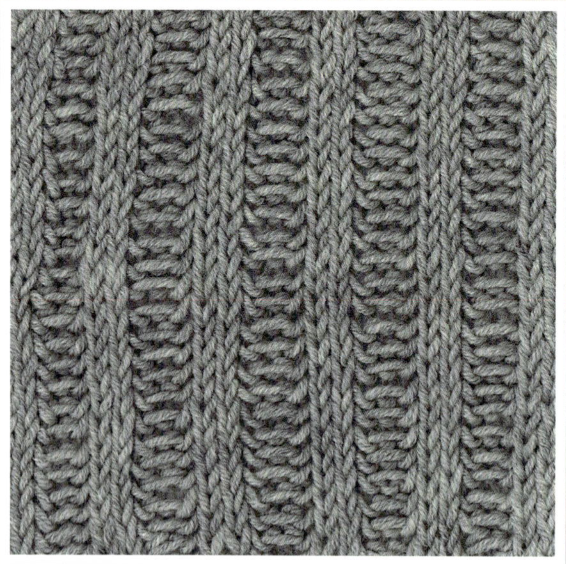

Schwierigkeitsgrad mittel
Kategorie Grundmuster

Maschenzahl teilbar durch 4 + 2
+ 2 Randmaschen.

Randmaschen für das Doppelpatent:
Die 1. M jeder R abheben (Faden hinten), die letzte M rechts stricken.

STRICKEN NACH MUSTERBESCHREIBUNG

1. Reihe (Rückreihe): RandM, 2 M rechts, * [1 M mit Umschlag abheben] 2x, 2 M rechts; ab * stets wiederholen, RandM.
2. Reihe (Hinreihe): RandM, * [1 M mit Umschlag abheben] 2x, [1 M mit dem Umschlag rechts zusammen] 2x; ab * stets wiederholen, [1 M mit Umschlag abheben] 2x, RandM.
3. Reihe (Rückreihe): RandM, [1 M mit dem Umschlag rechts zusammen] 2x * [1 M mit Umschlag abheben] 2x, [1 M mit dem Umschlag rechts zusammen] 2x; ab * stets wiederholen, RandM.

1x die 1. - 3. Reihe arbeiten, dann die 2. - 3. Reihe stets wiederholen.

STRICKEN NACH STRICKSCHRIFT

In der Strickschrift sind alle Hin- und Rückreihen des Höhenrapportes notiert. Die Maschen sind so bezeichnet, wie sie gestrickt werden.

In den Hinreihen mit der RandM vor dem rechten Pfeil beginnen, den Rapport von 4 M zwischen den Pfeilen stets wiederholen und mit den 2 M und der RandM nach dem linken Pfeil enden.
In den Rückreihen die Strickschrift entsprechend von links nach rechts lesen.

1x die 1. - 3. Reihe arbeiten, dabei mit einer Rückreihe beginnen und enden. Dann die 2 - 3. Reihe stets wiederholen.

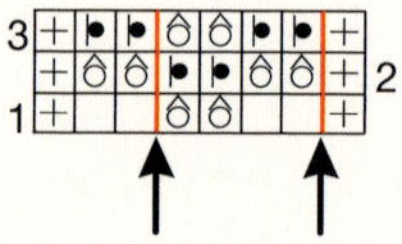

Zeichenerklärung:

⊞ = Randmasche (= die 1. Masche jeder Reihe abheben (Faden hinten), die letzte Masche jeder Reihe rechts stricken)
☐ = 1 Masche rechts
⍝ = 1 Masche mit Umschlag abheben
▸ = 1 Masche mit dem Umschlag rechts zusammenstricken

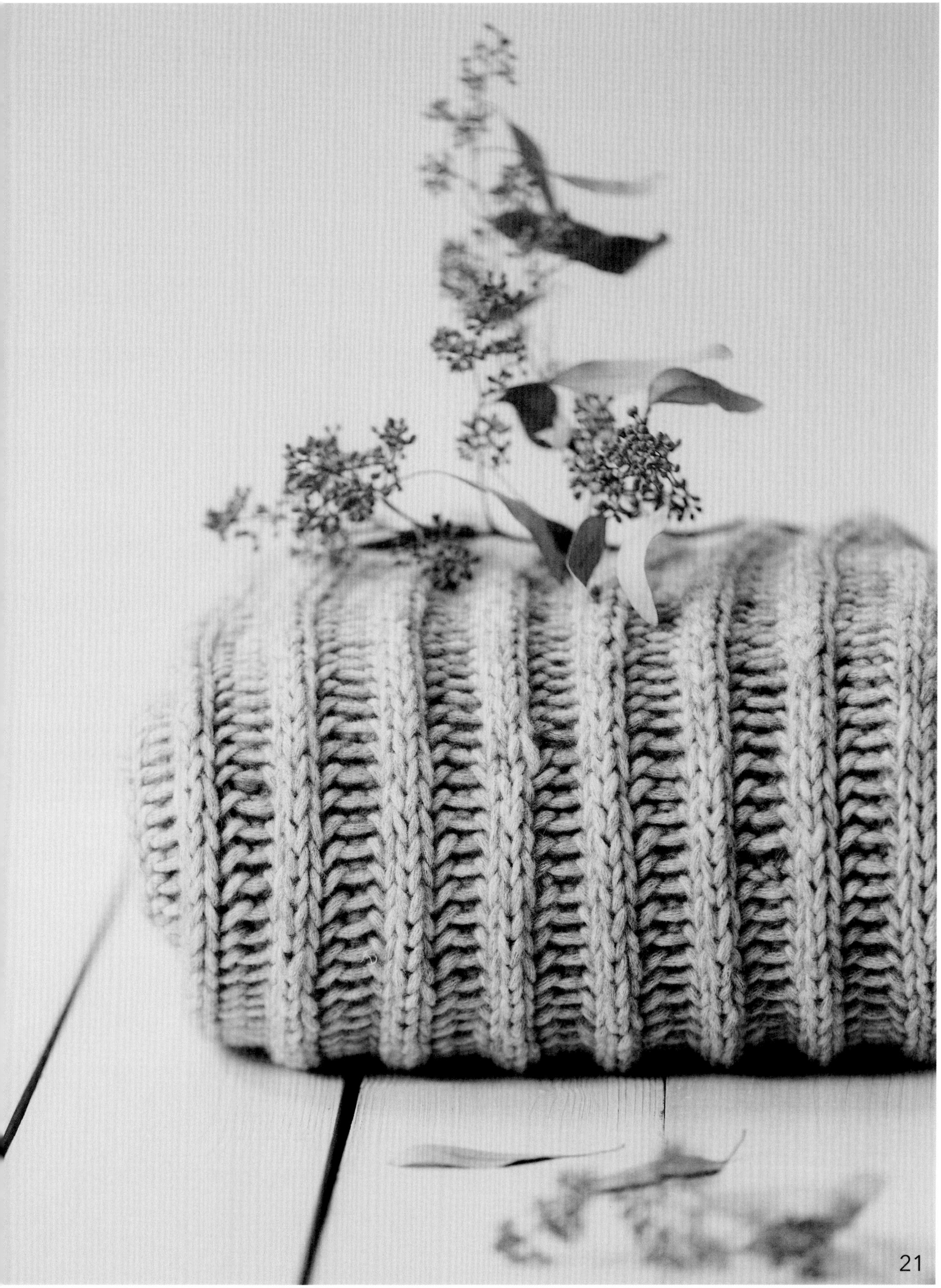

Zweifarbiges Vollpatent

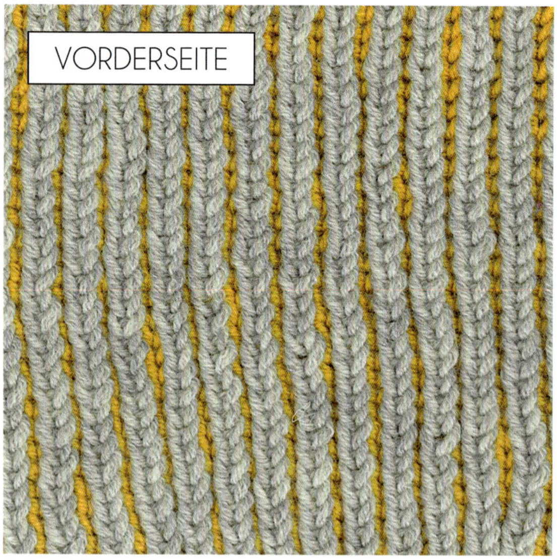

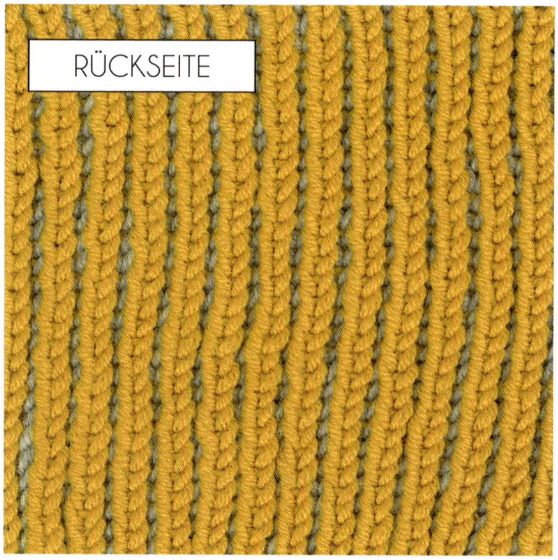

Schwierigkeitsgrad mittel
Kategorie Grundmuster

Maschenzahl teilbar durch 2 + 1 + 2 Randmachen; in Runden teilbar durch 2.

Vorbemerkungen:
Dieses Muster kann in Hin- und Rückreihen nur mit einer Rundstricknadel gestrickt werden, denn es werden abwechselnd jeweils 2 Hin- und 2 Rückreihen nacheinander gestrickt: Nach der 1. Hinreihe nicht wenden, sondern die Maschen an das andere Ende der Rundstricknadel schieben und mit der nächsten Farbe eine weitere Hinreihe stricken. Dann erst wenden und auf gleiche Weise 2 Rückreihen nacheinander stricken. Die Farben wechseln sich dabei nach Streifenfolge in jeder Reihe ab.

Jede Reihe oder Runde wird mit nur einer Farbe gestrickt. Senkrechte Farbstreifen entstehen dabei durch abgehobene Maschen.

Vorder- und Rückseite unterscheiden sich. Die in der 1. Hin- bzw. Rückreihe verwendete Farbe liegt auf der durch die Hinreihen bestimmte Vorderseite als rechte Patentmasche obenauf. Beide Seiten eignen sich als Musterseite.

Randmaschen:
Die 1. M jeder R abheben (Faden hinten), die letzte M rechts stricken.

STRICKEN NACH MUSTERBESCHREIBUNG

Auf Hin- und Rückreihen achten! Das Muster wird zum Stricken in Reihen und in Runden beschrieben.

Zweifarbiges Patent in Reihen:
1. Reihe (Hinreihe, Farbe A): RandM, * 1 M mit Umschlag abheben, 1 M rechts; ab * stets wiederholen, 1 M mit Umschlag abheben, RandM.
1. Reihe (Hinreihe, Farbe B): RandM, * 1 M mit dem Umschlag links zusammen, 1 M mit Umschlag abheben; ab * stets wiederholen, 1 M mit dem Umschlag links zusammen, RandM.
2. Reihe (Rückreihe, A): RandM, 1 M mit Umschlag abheben, * 1 M mit dem Umschlag links zusammen, 1 M mit Umschlag abheben; ab * stets wiederholen, RandM.
2. Reihe (Rückreihe, B): RandM, 1 M mit dem Umschlag rechts zusammen, * 1 M mit Umschlag abheben, 1 M mit dem Umschlag rechts zusammen; ab * stets wiederholen, RandM.
3. Reihe (Hinreihe, A): RandM, * 1 M mit Umschlag abheben, 1 M mit dem Umschlag rechts zusammen; ab * stets wiederholen, 1 M mit Umschlag abheben, RandM.

3. Reihe (Hinreihe, B): RandM, * 1 M mit dem Umschlag links zusammen, 1 M mit Umschlag abheben; ab * stets wiederholen, 1 M mit dem Umschlag links zusammen, RandM.

1x die 1. - 3. Reihe arbeiten, dann die 2. - 3. Reihe stets wiederholen.

Zweifarbiges Patent in Runden:

1. Runde (Farbe A): * 1 M mit Umschlag abheben, 1 M rechts; ab * stets wiederholen.
2. Runde (Farbe B): * 1 M mit dem Umschlag links zusammen, 1 M mit Umschlag abheben; ab * stets wiederholen.
3. Runde (Farbe A): * 1 M mit Umschlag abheben, 1 M mit dem Umschlag rechts zusammen; ab * stets wiederholen.

1x die 1. - 3. Runde arbeiten, dann die 2. - 3. Runde stets wiederholen.

STRICKEN NACH STRICKSCHRIFT

Für das zweifarbige Vollpatent in Reihen sind in der Strickschrift alle Hin- und Rückreihen des Höhenrapportes notiert. Der Buchstabe hinter der Reihenziffer zeigt die Farbe an, in der die Reihe gearbeitet wird. Die Maschen sind so bezeichnet, wie sie gestrickt werden.

In den Hinreihen mit der RandM vor dem rechten Pfeil beginnen, den Rapport von 2 M zwischen den Pfeilen stets wiederholen und mit der M und der RandM nach dem linken Pfeil enden.
In den Rückreihen die Strickschrift entsprechend von links nach rechts lesen.

1x die 1. - 3. Reihe arbeiten, dann die 2. - 3. Reihe stets wiederholen.

Für das zweifarbige Vollpatent in Runden sind in der Strickschrift alle Runden des Höhenrapportes notiert. Der Buchstabe hinter der Reihenziffer zeigt die Farbe an, in der die Runde gearbeitet wird.

In jeder Rd den Rapport von 2 M zwischen den Pfeilen stets wiederholen.

1x die 1. - 3. Runde arbeiten, dann die 2. - 3. Runde stets wiederholen.

Streifenfolge:

In Reihen * 1 HinR Farbe A, 1 HinR Farbe B, 1 RückR Farbe A, 1 RückR Farbe B; ab * stets wiederholen.
In Runden * 1 Rd Farbe A, 1 Rd Farbe B; ab * stets wiederholen.

Für die hier abgebildete Farbvariante wurde Hellgrau als Farbe A und Curry als Farbe B gewählt.

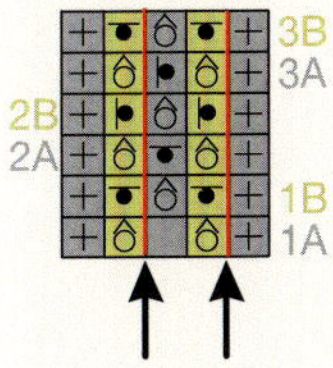

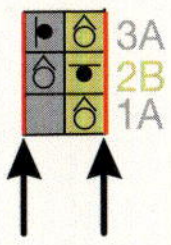

Zeichenerklärung:

[+] = Randmasche (die 1. Masche jeder Reihe abheben, die letzte Masche jeder Reihe rechts stricken)
[ ] = 1 Masche rechts
[Ô] = 1 Masche mit 1 Umschlag abheben
[▸] = 1 Masche mit dem Umschlag rechts zusammenstricken
[▾] = 1 Masche mit dem Umschlag links zusammenstricken

Zweifarbiges Glattpatent

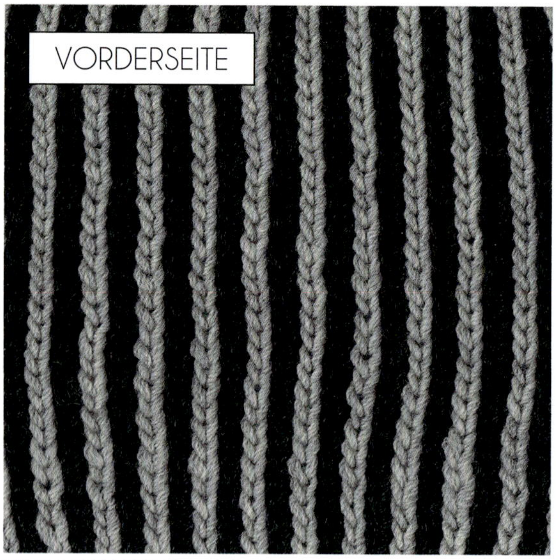

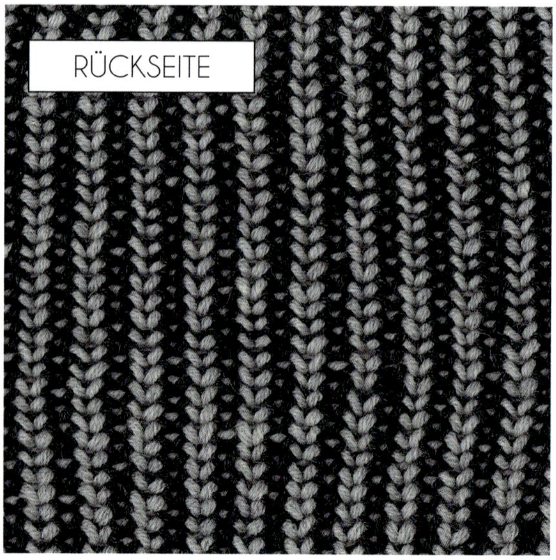

Schwierigkeitsgrad anspruchsvoll
Kategorie Grundmuster

Maschenzahl teilbar durch 2 + 1 + 2 Randmaschen.

Vorbemerkungen:
Vorder- und Rückseite unterscheiden sich. Eine Seite zeigt nur glatt rechte Patentmaschen, die andere Seite nur glatt linke Patentmaschen. Beide Seiten eigenen sich als Musterseite.

Dieses Muster kann nur mit einer Rundstricknadel gestrickt werden, denn es werden abwechselnd jeweils 2 Hin- und 2 Rückreihen nacheinander gestrickt. Nach der 1. Rückreihe nicht wenden, sondern die Maschen an das andere Ende der Rundstricknadel schieben und mit der anderen Farbe eine weitere Rückreihe stricken. Dann erst wenden und auf gleiche Weise 2 Hinreihen nacheinander stricken. Die Farben wechseln sich dabei nach Streifenfolge in jeder Reihe ab.

Jede Reihe wird mit nur einer Farbe gestrickt. Senkrechte Farbstreifen entstehen dabei durch abgehobene Maschen.

Randmaschen:
In jeder 1. Hinreihe und jeder 1. Rückreihe beide Randmaschen abheben. In jeder 2. Hinreihe und jeder 2. Rückreihe beide Randmaschen rechts stricken.

STRICKEN NACH MUSTERBESCHREIBUNG

Nach Musterbeschreibung in der Streifenfolge arbeiten. Bei beiden Varianten auf die speziellen Randmaschen achten!

Glatt rechte Patentmaschen vorne

1. Reihe (Hinreihe, Farbe A): RandM abheben, * 1 M rechts, 1 M mit Umschlag abheben; ab * stets wiederholen, 1 M rechts, RandM abheben.
1. Reihe (Hinreihe, Farbe B): RandM rechts, * 1 M mit Umschlag abheben, 1 M mit dem Umschlag rechts zusammen; ab * stets wiederholen, 1 M mit Umschlag abheben, RandM rechts.
2. Reihe (Rückreihe, A): RandM abheben, 1 M mit dem Umschlag links zusammen, * 1 M mit Umschlag abheben, 1 M mit dem Umschlag links zusammen; ab * stets wiederholen, RandM abheben.
2. Reihe (Rückreihe, B): RandM rechts, 1 M mit Umschlag abheben, * 1 M mit dem Umschlag links zusammen, 1 M mit Umschlag abheben; ab * stets wiederholen, RandM rechts.

3. Reihe (Hinreihe, A): RandM abheben, * 1 M mit dem Umschlag rechts zusammen, 1 M mit Umschlag abheben; ab * stets wiederholen, 1 M mit dem Umschlag rechts zusammen, RandM abheben.
3. Reihe (Hinreihe, Farbe B): RandM rechts, * 1 M mit Umschlag abheben, 1 M mit dem Umschlag rechts zusammen; ab * stets wiederholen, 1 M mit Umschlag abheben, RandM rechts.

1x die 1. - 3. Reihe arbeiten, dann die 2. - 3. Reihe stets wiederholen.

Glatt linke Patentmaschen vorne

1. Reihe (Hinreihe, Farbe A): RandM abheben, * 1 M links, 1 M mit Umschlag abheben; ab * stets wiederholen, 1 Masche links, RandM abheben.
1. Reihe (Hinreih, Farbe B): RandM rechts, * 1 M mit Umschlag abheben, 1 M mit dem Umschlag links zusammen; ab *stets wiederholen, 1 M mit Umschlag abheben, RandM rechts.
2. Reihe (Rückreihe, A): RandM abheben, 1 M mit dem Umschlag rechts zusammen * 1 M mit Umschlag abheben, 1 M mit dem Umschlag rechts zusammen; ab * stets wiederholen, RandM abheben.
2. Reihe (Rückreihe, B): RandM rechts, 1 M mit Umschlag abheben, * die M mit dem Umschlag rechts zusammen, 1 M mit Umschlag abheben; ab * stets wiederholen, RandM rechts.
3. Reihe (Hinreihe, A): RandM abheben, * 1 M mit dem Umschlag links zusammen, 1 M mit Umschlag abheben; ab *stets wiederholen, 1 M mit dem Umschlag links zusammen, RandM abheben.
3. Reihe (Hinreihe, Farbe B): RandM rechts, * 1 M mit Umschlag abheben, 1 M mit dem Umschlag links zusammen; ab *stets wiederholen, 1 M mit Umschlag abheben, RandM rechts.

1x die 1. - 3. Reihe arbeiten, dann die 2. - 3. Reihe stets wiederholen.

STRICKEN NACH STRICKSCHRIFT

In den Strickschriften sind alle Hin- und Rückreihen des Höhenrapportes notiert. Der Buchstabe hinter der Reihenziffer zeigt die Farbe an, in der die Reihe gearbeitet wird. Die Maschen sind so bezeichnet, wie sie gestrickt werden.

In den Hinreihen mit der RandM vor dem rechten Pfeil beginnen, den Rapport von 2 M zwischen den Pfeilen stets wiederholen und mit der M und der RandM nach dem linken Pfeil enden.
In den Rückreihen die Strickschrift entsprechend von links nach rechts lesen.

1x die 1. - 3. Reihe arbeiten, dann die 2. - 3. Reihe stets wiederholen.

Streifenfolge:

* 1 HinR Farbe A, 1 HinR Farbe B, 1 RückR Farbe A, 1 RückR Farbe B; ab * stets wiederholen.

Für die hier abgebildete Farbvariante wurde Hellgrau als Farbe A und Dunkelgrau als Farbe B gewählt.

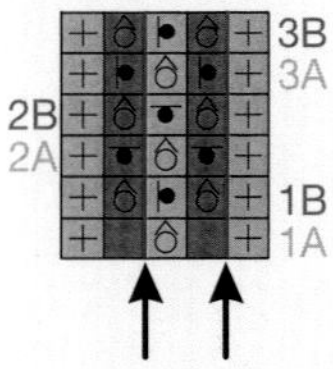

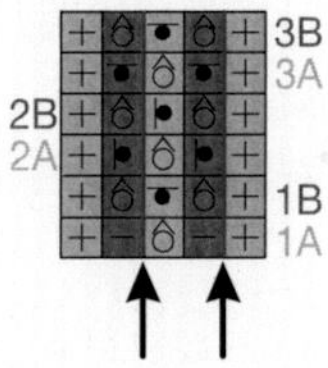

Zeichenerklärung:

[+] = Randmasche (in jeder 1. Hin- und Rückreihe beide Randmaschen abheben, in jeder 2. Hin- und Rückreihe beide Randmaschen rechts stricken)
[ ] = 1 Masche rechts
[–] = 1 Masche links
[Ô] = 1 Masche mit Umschlag abheben
[▸] = 1 Masche mit dem Umschlag rechts zusammenstricken
[▾] = 1 Masche mit dem Umschlag links zusammenstricken

Falscher Zopf

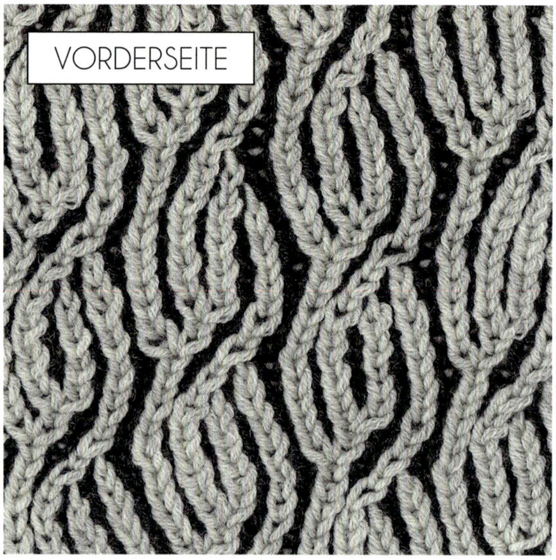

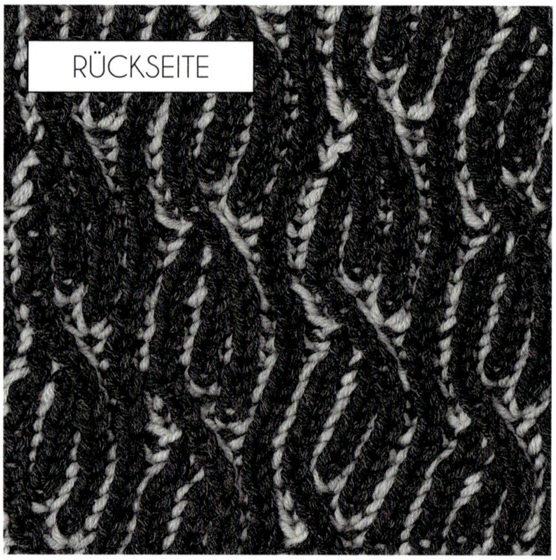

Schwierigkeitsgrad mittel
Kategorie Flächenmuster

Maschenzahl teilbar durch 16 bzw. 14 + 1 + 2 Randmaschen.

Vorbemerkungen:
Dieses Muster kann nur mit einer Rundstricknadel gestrickt werden, denn es werden abwechselnd jeweils 2 Hin- und 2 Rückreihen nacheinander gestrickt. Nach der 1. Rückreihe nicht wenden, sondern die Maschen an das andere Ende der Rundstricknadel schieben und mit der anderen Farbe eine weitere Rückreihe stricken. Dann erst wenden und auf gleiche Weise 2 Hinreihen nacheinander stricken. Die Farben wechseln sich dabei nach Streifenfolge in jeder Reihe ab.

Jede Reihe wird mit nur einer Farbe gestrickt. Senkrechte Farbstreifen entstehen dabei durch abgehobene Maschen.

Die in der 1. Hin- bzw. Rückreihe verwendete Farbe liegt auf der durch die Hinreihen bestimmte Vorderseite als rechte Patentmasche obenauf.

Wenn in diesem Muster 3 Maschen zusammengestrickt werden, werden sie immer inklusive ihrer Umschläge zusammengestrickt.

Randmaschen:
Die 1. M jeder R abheben (Faden hinten), die letzte M rechts stricken.

STRICKEN NACH MUSTERBESCHREIBUNG

1. Reihe (Rückreihe, Farbe A): RandM, * 1 M mit Umschlag abheben, 1 M rechts; ab * stets wiederholen, 1 M mit Umschlag abheben, RandM.
1. Reihe (Rückreihe, Farbe B): RandM, * 1 M mit dem Umschlag rechts zusammen, 1 M mit Umschlag abheben; ab * stets wiederholen, 1 M mit dem Umschlag rechts zusammen, RandM.
2. Reihe (Hinreihe, A): RandM, 1 M mit Umschlag abheben, * 1 M mit dem Umschlag rechts zusammen, 1 M mit Umschlag abheben, 3 M rechts zusammen, [1 M mit Umschlag abheben, 1 M mit dem Umschlag rechts zusammen] 5x, 1 M mit Umschlag abheben; ab * stets wiederholen, RandM.
2. Reihe (Hinreihe, B): RandM, 1 M mit dem Umschlag links zusammen, * 1 M mit Umschlag abheben, 1 M mit dem Umschlag links zusammen; ab * stets wiederholen, RandM.
3. Reihe (Rückreihe, A): RandM, * 1 M mit Umschlag abheben, 1 M mit dem Umschlag links zusammen; ab * stets wiederholen, 1 M mit Umschlag abheben, RandM.

3. Reihe (Rückreihe, B): RandM, * 1 M mit dem Umschlag rechts zusammen, 1 M mit Umschlag abheben; ab * stets wiederholen, 1 M mit dem Umschlag rechts zusammen, RandM.
4. Reihe (Hinreihe, A): RandM, 1 M mit Umschlag abheben, * 3 M rechts zusammen, 1 M mit Umschlag abheben, 3 M aus 1 M herausstricken (= 1 M rechts, 1 Umschlag, 1 M rechts; dabei die M zusammen mit ihrem Umschlag fassen), [1 M mit Umschlag abheben, 1 M mit dem Umschlag rechts zusammen] 4x, 1 M mit Umschlag abheben; ab * stets wiederholen, RandM.
4. Reihe (Hinreihe, B): RandM, 1 M mit dem Umschlag links zusammen, * 1 M mit Umschlag abheben, 1 M mit dem Umschlag links zusammen, 1 M mit Umschlag abheben, 1 M links, [1 M mit Umschlag abheben, 1 M mit dem Umschlag links zusammen] 5x; ab * stets wiederholen, RandM.
5. Reihe (Rückreihe, A): Wie die 3. Reihe (Rückreihe, A) arbeiten.
5. Reihe (Rückreihe, B): Wie die 3. Reihe (Rückreihe, B) arbeiten.
6. Reihe (Hinreihe, A): RandM, 1 M mit Umschlag abheben, * 1 M mit dem Umschlag rechts zusammen, 1 M mit Umschlag abheben, 3 M aus 1 M herausstricken, [1 M mit Umschlag abheben, 1 M mit dem Umschlag rechts zusammen] 5x, 1 M mit Umschlag abheben; ab * stets wiederholen, RandM.
6. Reihe (Hinreihe, B): RandM, 1 M mit dem Umschlag links zusammen, * 1 M mit Umschlag abheben, 1 M mit dem Umschlag links zusammen, 1 M mit Umschlag abheben, 1 M links, [1 M mit Umschlag abheben, 1 M mit dem Umschlag links zusammen] 5x; ab * stets wiederholen, RandM.
7. Reihe (Rückreihe, A): Wie die 3. Reihe (Rückreihe, A) arbeiten.
7. Reihe (Rückreihe, B): Wie die 3. Reihe (Rückreihe, B) arbeiten.
8. Reihe (Hinreihe, A): RandM, 1 M mit Umschlag abheben, * [1 M mit dem Umschlag rechts zusammen, 1 M mit 1 Umschlag wie zum Linksstricken abheben,] 5x, 3 M rechts zusammen, 1 M mit Umschlag abheben, 1 M mit dem Umschlag rechts zusammen, 1 M mit Umschlag abheben; ab * stets wiederholen, RandM.
8. Reihe (Hinreihe, B): Wie die 2. Reihe (Hinreihe, B) arbeiten.
9. Reihe (Rückreihe, A): Wie die 3. Reihe (Rückreihe, A) arbeiten.
9. Reihe (Rückreihe, B): Wie die 3. Reihe (Rückreihe, B) arbeiten.
10. Reihe (Hinreihe, A): RandM, 1 M mit Umschlag abheben, * [1 M mit dem Umschlag rechts zusammen, 1 M mit 1 Umschlag abheben) 4x, 3 M rechts zusammen,1 M mit Umschlag abheben, 3 M aus 1 M herausstricken, 1 M mit Umschlag abheben; ab * stets wiederholen, RandM.
10. Reihe (Hinreihe, B): RandM, 1 M mit dem Umschlag links zusammen, * [1 M mit Umschlag abheben, 1 M mit dem Umschlag links zusammen] 5x, 1 M mit Umschlag abheben, 1 M links, 1 M mit Umschlag abheben, 1 M mit dem Umschlag links zusammen; ab * stets wiederholen, RandM.
11. Reihe (Rückreihe, A): Wie die 3. Reihe (Rückreihe, A) arbeiten.
11. Reihe (Rückreihe, B): Wie die 3. Reihe (Rückreihe, B) arbeiten.
12. Reihe (Hinreihe, A): RandM, 1 M mit Umschlag abheben, * [1 M mit dem Umschlag rechts zusammenstricken, 1 M mit 1 Umschlag wie zum Linksstricken abheben] 5x, 3 M aus 1 M herausstricken, 1 M mit Umschlag abheben, 1 M mit dem Umschlag rechts zusammen, 1 M mit Umschlag abheben; ab * stets wiederholen, RandM.
12. Reihe (Hinreihe, B): RandM, 1 M mit dem Umschlag links zusammen, * [1 M mit Umschlag abheben, 1 M mit dem Umschlag links zusammen] 5x,1 M mit Umschlag abheben, 1 M links, [1 M mit Umschlag abheben, 1 M mit dem Umschlag links zusammen] 2x; ab * stets wiederholen, RandM.
13. Reihe (Rückreihe, A): Wie die 3. Reihe (Rückreihe, A) arbeiten.
13. Reihe (Rückreihe, B): Wie die 3. Reihe (Rückreihe, B) arbeiten.

1x die 1. – 13. Reihe arbeiten, dabei mit 2 Rückreihen beginnen und enden. Dann die 2. – 13. Reihe stets wiederholen.

STRICKEN NACH STRICKSCHRIFT

In der Strickschrift sind alle Hin- und Rückreihen des Höhenrapportes notiert. Der Buchstabe hinter der Reihenziffer zeigt die Farbe an, in der die Reihe gearbeitet wird. Die Maschen sind so bezeichnet, wie sie gestrickt werden.

In den Hinreihen mit der RandM und der M vor dem rechten Pfeil beginnen, den Rapport von 16 bzw. 14 M zwischen den Pfeilen stets wiederholen und mit der RandM nach dem linken Pfeil enden. Die M-Zahl des Rapportes verändert sich.
In den Rückreihen die Strickschrift entsprechend von links nach rechts lesen.

1x die 1. - 13. Reihe arbeiten, dabei mit 2 Rückreihen beginnen und enden. Dann die 2. - 13. Reihe stets wiederholen.

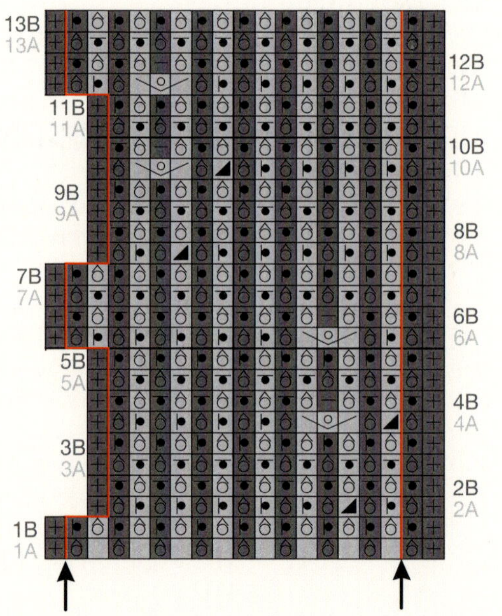

Zeichenerklärung:

[+] = Randmasche (= die 1. Masche jeder Reihe abheben (Faden hinten), die letzte Masche jeder Reihe rechts stricken)

[–] = 1 Masche links

[ ] = 1 Masche rechts

[Masche mit Umschlag] = 1 Masche mit 1 Umschlag abheben

[Punkt links] = 1 Masche mit dem Umschlag rechts zusammenstricken

[Punkt oben] = 1 Masche mit dem Umschlag links zusammenstricken

[Dreieck] = 3 Maschen rechts zusammenstricken

[3 M aus 1 M] = 3 M aus 1 M herausstricken (= 1 M rechts, 1 Umschlag, 1 M rechts, dabei die M mit dem Umschlag zusammenstricken)

Zweifarbiges Rautenmuster

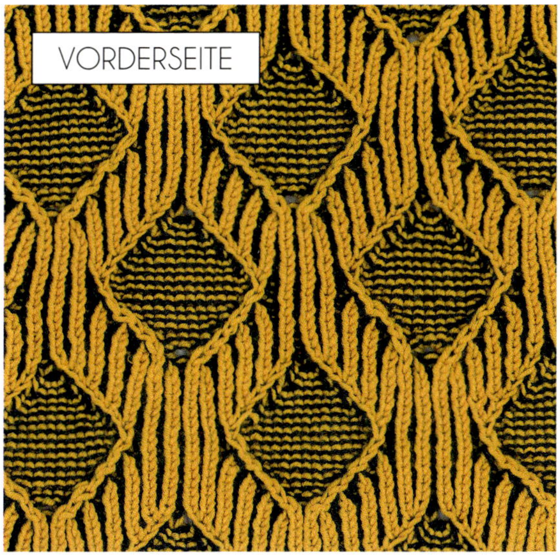

VORDERSEITE

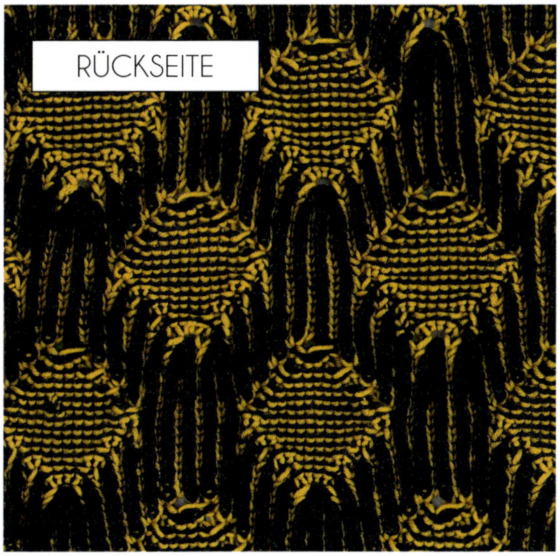

RÜCKSEITE

Schwierigkeitsgrad anspruchsvoll
Kategorie Flächenmuster

Maschenzahl in Reihen teilbar durch 28 + 1 + 2 Randmachen.

Vorbemerkungen:
Dieses Muster kann nur mit einer Rundstricknadel gestrickt werden, denn es werden abwechselnd jeweils 2 Hin- und 2 Rückreihen nacheinander gestrickt. Nach der 1. Rückreihe nicht wenden, sondern die Maschen an das andere Ende der Rundstricknadel schieben und mit der anderen Farbe eine weitere Rückreihe stricken. Dann erst wenden und auf gleiche Weise 2 Hinreihen nacheinander stricken. Die Farben wechseln sich dabei nach Streifenfolge in jeder Reihe ab.

Jede Reihe wird mit nur einer Farbe gestrickt. Senkrechte Farbstreifen entstehen dabei durch abgehobene Maschen.

Vorder- und Rückseite unterscheiden sich. Die in der 2. Hin- bzw. Rückreihe verwendete Farbe liegt auf der durch die Hinreihen bestimmte Vorderseite als rechte Patentmasche obenauf. Beide Seiten eignen sich als Musterseite.

Werden in diesem Muster mehrere Maschen zusammengestrickt, werden sie immer inklusive ihrer Umschläge zusammengestrickt.

Randmaschen:
Die 1. M jeder R abheben (Faden hinten), die letzte M rechts stricken.

STRICKEN NACH MUSTERBESCHREIBUNG

1. Reihe (Rückreihe, Farbe A): RandM, 1 M rechts, * 8 M rechts, [1 M mit Umschlag abheben, 1 M rechts] 5x, 1 M mit Umschlag abheben, 9 M rechts; ab * stets wiederholen, RandM.

1. Reihe (Rückreihe, Farbe B): RandM, 1 M links, * 8 M links, [1 M mit dem Umschlag links zusammen, 1 M mit Umschlag abheben] 5x, 1 M mit dem Umschlag links zusammen, 9 M links; ab * stets wiederholen, RandM.

2. Reihe (Hinreihe, A): RandM, * 9 M links, [1 M mit Umschlag abheben, 1 M mit dem Umschlag links zusammen] 5x, 1 M mit Umschlag abheben, 8 M links; ab * stets wiederholen, 1 M links, RandM.

2. Reihe (Hinreihe, B): RandM, * 6 M rechts, 3 M rechts zusammen, 3 M aus 1 M herausstricken (= 1 M rechts, 1 Umschlag, 1 M rechts, dabei auch den Umschlag der Vorreihe mitfassen), [1 M mit Umschlag abheben, 1 M mit dem Umschlag rechts zusammen] 4x, 1 M mit Umschlag abheben, 3 M aus 1 M herausstricken, 3 M rechts überzogen zusammen (= 1 M wie zum Rechtsstricken abheben, 2 M rechts zusammen, dann die abgehobene M überziehen), 5 M rechts; ab * stets wiederholen, 1 M rechts, RandM.

3. Reihe (Rückreihe, A): RandM, 1 M rechts, * 6 M rechts, 1 M mit Umschlag abheben, 1 M rechts, 1 M mit Umschlag abheben, [1 M mit dem Umschlag rechts zusammen, 1 M mit Umschlag abheben] 5x, 1 M rechts, 1 M mit Umschlag abheben, 7 M rechts; ab * stets wiederholen, RandM.
3. Reihe (Rückreihe, B): RandM, 1 M links, * 6 M links, [1 M mit dem Umschlag links zusammen, 1 M mit Umschlag abheben] 7x, 1 M mit dem Umschlag links zusammen, 7 M links; ab * stets wiederholen, RandM.
4. Reihe (Hinreihe, A): RandM, * 7 M links, [1 M mit Umschlag abheben, 1 M mit dem Umschlag links zusammen] 7x, 1 M mit Umschlag abheben, 6 M links; ab * stets wiederholen, 1 M links, RandM.
4. Reihe (Hinreihe, B): RandM, * 4 M rechts, 3 M rechts zusammen, 3 M aus 1 M herausstricken, [1 M mit Umschlag abheben, 1 M mit dem Umschlag rechts zusammen] 6x, 1 M mit Umschlag abheben, 3 M aus 1 M herausstricken, 3 M rechts überzogen zusammen, 3 M rechts; ab * stets wiederholen, 1 M rechts, RandM.
5. Reihe (Rückreihe, A): RandM, 1 M rechts, * 4 M rechts, 1 M mit Umschlag abheben, 1 M rechts, 1 M mit Umschlag abheben, [1 M mit dem Umschlag rechts zusammen, 1 M mit Umschlag abheben] 7x, 1 M rechts, 1 M mit Umschlag abheben, 5 M rechts; ab * stets wiederholen, RandM.
5. Reihe (Rückreih, B): RandM, 1 M links, * 4 M links, 1 M mit dem Umschlag links zusammen, [1 M mit Umschlag abheben, 1 M mit dem Umschlag links zusammen] 9x, 5 M links; ab * stets wiederholen, RandM.
6. Reihe (Hinreihe, A): RandM, * 5 M links, [1 M mit Umschlag abheben, 1 M mit dem Umschlag links zusammen] 9x, 1 M mit Umschlag abheben, 4 M links; ab * stets wiederholen, 1 M links, RandM.
6. Reihe (Hinreihe, B): RandM, * 2 M rechts, 3 M rechts zusammen, 3 M aus 1 M herausstricken, [1 M mit Umschlag abheben, 1 M mit dem Umschlag rechts zusammen] 8x, 1 M mit Umschlag abheben, 3 M aus 1 M herausstricken, 3 M rechts überzogen zusammen, 1 M rechts; ab * stets wiederholen, 1 M rechts, RandM.
7. Reihe (Rückreihe, A): RandM, 1 M rechts, * 2 M rechts, 1 M mit Umschlag abheben, 1 M rechts, 1 M mit Umschlag abheben, [1 M mit dem Umschlag rechts zusammen, 1 M mit Umschlag abheben] 9x, 1 M rechts, 1 M mit Umschlag abheben, 3 M rechts; ab * stets wiederholen, RandM.
7. Reihe (Rückreihe, B): RandM, 1 M links, * 2 M links, [1 M mit dem Umschlag links zusammen, 1 M mit Umschlag abheben] 11x, 1 M mit dem Umschlag links zusammen, 3 M links; ab * stets wiederholen, RandM.
8. Reihe (Hinreihe, A): RandM, * 3 M links, [1 M mit Umschlag abheben, 1 M mit dem Umschlag links zusammen] 11x, 1 M mit Umschlag abheben, 2 M links; ab * stets wiederholen, 1 M links, RandM.
8. Reihe (Hinreihe, B): RandM, 3 M rechts zusammen, * 3 M aus 1 M herausstricken, [1 M mit Umschlag abheben, 1 M mit dem Umschlag rechts zusammen] 10x, 1 M mit Umschlag abheben, 3 M aus 1 M herausstricken, 5 M rechts zusammen; ab * stets wiederholen, 3 M aus 1 M herausstricken, [1 M mit Umschlag abheben, 1 M mit dem Umschlag rechts zusammen] 10x, 1 M mit Umschlag abheben, 3 M aus 1 M herausstricken, 3 M rechts überzogen zusammen, RandM.
9. Reihe (Rückreihe, A): RandM, 1 M rechts, * 1 M mit Umschlag abheben, 1 M rechts, [1 M mit Umschlag abheben, 1 M mit dem Umschlag rechts zusammen] 11x, [1 M mit Umschlag abheben, 1 M rechts] 2x; ab * stets wiederholen, RandM.
9. Reihe (Rückreihe, B): RandM, 1 M mit Umschlag abheben, * 1 M mit dem Umschlag links zusammen, 1 M mit Umschlag abheben; ab * stets wiederholen, RandM.
10. Reihe (Hinreihe, A): RandM, * 1 M mit dem Umschlag links zusammen, 1 M mit Umschlag abheben; ab * stets wiederholen, 1 M mit dem Umschlag links zusammen, RandM.
10. Reihe (Hinreihe, B): RandM, * [1 M mit Umschlag abheben, 1 M mit dem Umschlag rechts zusammen] 5x, 1 M mit Umschlag abheben, 3 M rechts zusammen, 5 M aus 1 M herausstricken (= 1 M rechts, 1 Umschlag, 1 M rechts, 1 Umschlag, 1 M rechts, dabei auch den Umschlag der Vorreihe mitfassen), 3 M rechts überzogen zusammen, [1 M mit Umschlag abheben, 1 M mit dem Umschlag rechts zusammen] 5x; ab * stets wiederholen, 1 M mit Umschlag abheben, RandM.
11. Reihe (Rückreihe, A): RandM, 1 M mit dem Umschlag rechts zusammen, * [1 M mit Umschlag abheben, 1 M mit dem Umschlag rechts zusammen] 5x, 1 M mit Umschlag abheben, 5 M rechts, [1 M mit Umschlag abheben,

1 M mit dem Umschlag rechts zusammen] 6x; ab * stets wiederholen, RandM.

11. Reihe (Rückreihe, B): RandM, 1 M mit Umschlag abheben, * [1 M mit dem Umschlag links zusammen, 1 M mit Umschlag abheben] 5x, 1 M mit dem Umschlag links zusammen, 5 M links, [1 M mit dem Umschlag links zusammen, 1 M mit Umschlag abheben] 6x; ab * stets wiederholen, RandM.

12. Reihe (Hinreihe, A): RandM, * [1 M mit dem Umschlag links zusammen, 1 M mit Umschlag abheben] 6x, 5 M links, [1 M mit Umschlag abheben, 1 M mit dem Umschlag links zusammen] 5x, 1 M mit Umschlag abheben; ab * stets wiederholen, 1 M mit dem Umschlag links zusammen, RandM.

12. Reihe (Hinreihe, B): RandM, * [1 M mit Umschlag abheben, 1 M mit dem Umschlag rechts zusammen] 4x, 1 M mit Umschlag abheben, 3 M rechts zusammen, 3 M aus 1 M herausstricken, 3 M rechts, 3 M aus 1 M herausstricken, 3 M rechts überzogen zusammen, [1 M mit Umschlag abheben, 1 M mit dem Umschlag rechts zusammen] 4x; ab * stets wiederholen, 1 M mit Umschlag abheben, RandM.

13. Reihe (Rückreihe, A): RandM, 1 M mit dem Umschlag rechts zusammen, * [1 M mit Umschlag abheben, 1 M mit dem Umschlag rechts zusammen] 4x, 1 M mit Umschlag abheben, 9 M rechts, [1 M mit Umschlag abheben, 1 M mit dem Umschlag rechts zusammen] 5x; ab * stets wiederholen, RandM.

13. Reihe (Rückreihe, B): RandM, 1 M mit Umschlag abheben, * [1 M mit dem Umschlag links zusammen, 1 M mit Umschlag abheben] 4x, 1 M mit dem Umschlag links zusammen, 9 M links, [1 M mit dem Umschlag links zusammen, 1 M mit Umschlag abheben] 5x; ab * stets wiederholen, RandM.

14. Reihe (Hinreihe, A): RandM, * [1 M mit dem Umschlag links zusammen, 1 M mit Umschlag abheben] 5x, 9 M links, [1 M mit Umschlag abheben, 1 M mit dem Umschlag links zusammen] 4x, 1 M mit Umschlag abheben; ab * stets wiederholen, 1 M mit dem Umschlag links zusammen, RandM.

14. Reihe (Hinreihe, B): RandM, * [1 M mit Umschlag abheben, 1 M mit dem Umschlag rechts zusammen] 3x, 1 M mit Umschlag abheben, 3 M rechts zusammen, 3 M aus 1 M herausstricken, 7 M rechts, 3 M aus 1 M herausstricken, 3 M rechts überzogen zusammen, [1 M mit Umschlag abheben, 1 M mit dem Umschlag rechts zusammen] 3x; ab * stets wiederholen, 1 M mit Umschlag abheben, RandM.

15. Reihe (Rückreihe, A): RandM, 1 M mit dem Umschlag rechts zusammen, * [1 M mit Umschlag abheben, 1 M mit dem Umschlag rechts zusammen] 3x, 1 M mit Umschlag abheben, 13 M rechts, [1 M mit Umschlag abheben, 1 M mit dem Umschlag rechts zusammen] 4x; ab * stets wiederholen, RandM.

15. Reihe (Rückreihe, B): RandM, 1 M mit Umschlag abheben, * [1 M mit dem Umschlag links zusammen, 1 M mit Umschlag abheben] 3x, 1 M mit dem Umschlag links zusammen, 13 M links, [1 M mit dem Umschlag links zusammen, 1 M mit Umschlag abheben] 4x; ab * stets wiederholen, RandM.

16. Reihe (Hinreihe, A): RandM, * [1 M mit dem Umschlag links zusammen, 1 M mit Umschlag abheben] 4x, 13 M links, [1 M mit Umschlag abheben, 1 M mit dem Umschlag links zusammen] 3x, 1 M mit Umschlag abheben; ab * stets wiederholen, 1 M mit dem Umschlag links zusammen, RandM.

16. Reihe (Hinreihe, B): RandM, * [1 M mit Umschlag abheben, 1 M mit dem Umschlag rechts zusammen] 2x, 1 M mit Umschlag abheben, 3 M rechts zusammen, 3 M aus 1 M herausstricken, 11 M rechts, 3 M aus 1 M herausstricken, 3 M rechts überzogen zusammen, [1 M mit Umschlag abheben, 1 M mit dem Umschlag rechts zusammen] 2x; ab * stets wiederholen, 1 M mit Umschlag abheben, RandM.

17. Reihe (Rückreihe, A): RandM, 1 M mit dem Umschlag rechts zusammen, * [1 M mit Umschlag abheben, 1 M mit dem Umschlag rechts zusammen] 2x, 1 M mit Umschlag abheben, 17 M rechts, [1 M mit Umschlag abheben, 1 M mit dem Umschlag rechts zusammen] 3x; ab * stets wiederholen, RandM.

17. Reihe (Rückreihe, B): RandM, 1 M mit Umschlag abheben, * [1 M mit dem Umschlag links zusammen, 1 M mit Umschlag abheben] 2x, 1 M mit dem Umschlag links zusammen, 17 M links, [1 M mit dem Umschlag links zusammen, 1 M mit Umschlag abheben] 3x; ab * stets wiederholen, RandM.

18. Reihe (Hinreihe, A): RandM, * [1 M mit dem Umschlag links zusammen, 1 M mit Umschlag abheben] 3x, 17 M links, [1 M mit Umschlag abheben, 1 M mit dem Umschlag links zusammen] 2x, 1 M mit Umschlag abheben; ab * stets wiederholen, 1 M mit dem Umschlag links zusammen, RandM.

18. Reihe (Hinreihe, B): RandM, * [1 M mit Umschlag abheben, 1 M mit dem Umschlag rechts zusammen] 2x, 1 M mit Umschlag abheben, 3 M aus 1 M herausstricken, 3 M rechts überzogen zusammen, 11 M rechts, 3 M rechts zusammen, 3 M aus 1 M herausstricken, [1 M mit Umschlag abheben, 1 M mit dem Umschlag rechts zusammen] 2x; ab * stets wiederholen, 1 M mit Umschlag abheben, RandM.
19. Reihe (Rückreihe, A): RandM, 1 M mit dem Umschlag rechts zusammen, * [1 M mit Umschlag abheben, 1 M mit dem Umschlag rechts zusammen] 2x, 1 M mit Umschlag abheben, 1 M rechts, 1 M mit Umschlag abheben, 13 M rechts, 1 M mit Umschlag abheben, 1 M rechts, [1 M mit Umschlag abheben, 1 M mit dem Umschlag rechts zusammen] 3x; ab * stets wiederholen, RandM.
19. Reihe (Rückreihe, B): RandM, 1 M mit Umschlag abheben, * [1 M mit dem Umschlag links zusammen, 1 M mit Umschlag abheben] 3x, 1 M mit dem Umschlag links zusammen, 13 M links, [1 M mit dem Umschlag links zusammen, 1 M mit Umschlag abheben] 4x; ab * stets wiederholen, 1 M mit Umschlag abheben, RandM.
20. Reihe (Hinreihe, A): RandM, * [1 M mit dem Umschlag links zusammen, 1 M mit Umschlag abheben] 4x, 13 M links, [1 M mit Umschlag abheben, 1 M mit dem Umschlag links zusammen] 3x, 1 M mit Umschlag abheben; ab * stets wiederholen, 1 M mit dem Umschlag links zusammen, RandM.
20. Reihe (Hinreihe, B): RandM, * [1 M mit Umschlag abheben, 1 M mit dem Umschlag rechts zusammen] 3x, 1 M mit Umschlag abheben, 3 M aus 1 M herausstricken, 3 M rechts überzogen zusammen, 7 M rechts, 3 M rechts zusammen, 3 M aus 1 M herausstricken, [1 M mit Umschlag abheben, 1 M mit dem Umschlag rechts zusammen] 3x; ab * stets wiederholen, 1 M mit Umschlag abheben, RandM.
21. Reihe (Rückreihe, A): RandM, 1 M mit dem Umschlag rechts zusammen, * [1 M mit Umschlag abheben, 1 M mit dem Umschlag rechts zusammen] 3x, 1 M mit Umschlag abheben, 1 M rechts, 1 M mit Umschlag abheben, 9 M rechts, 1 M mit Umschlag abheben, 1 M rechts, [1 M mit Umschlag abheben, 1 M mit dem Umschlag rechts zusammen] 4x; ab * stets wiederholen, RandM.
21. Reihe (Rückreihe, B): RandM, 1 M mit Umschlag abheben, * [1 M mit dem Umschlag links zusammen, 1 M mit Umschlag abheben] 5x, 1 M mit dem Umschlag links zusammen, 9 M links, [1 M mit dem Umschlag links zusammen, 1 M mit Umschlag abheben] 4x; ab * stets wiederholen, RandM.
22. Reihe (Hinreihe, A): RandM, * [1 M mit dem Umschlag links zusammen, 1 M mit Umschlag abheben] 5x, 9 M links, [1 M mit Umschlag abheben, 1 M mit dem Umschlag links zusammen] 4x, 1 M mit Umschlag abheben; ab * stets wiederholen, 1 M mit dem Umschlag links zusammen, RandM.
22. Reihe (Hinreihe, B): RandM, * [1 M mit Umschlag abheben, 1 M mit dem Umschlag rechts zusammen] 4x, 1 M mit Umschlag abheben, 3 M aus 1 M herausstricken, 3 M rechts überzogen zusammen, 3 M rechts, 3 M rechts zusammen, 3 M aus 1 M herausstricken, [1 M mit Umschlag abheben, 1 M mit dem Umschlag rechts zusammen] 4x; ab * stets wiederholen, 1 M mit Umschlag abheben, RandM.
23. Reihe (Rückreihe, A): RandM, 1 M mit dem Umschlag rechts zusammen, * [1 M mit Umschlag abheben, 1 M mit dem Umschlag rechts zusammen] 4x, 1 M mit Umschlag abheben, 1 M rechts, 1 M mit Umschlag abheben, 5 M rechts, 1 M mit Umschlag abheben, 1 M rechts, [1 M mit Umschlag abheben, 1 M mit dem Umschlag rechts zusammen] 5x; ab * stets wiederholen, RandM.
23. Reihe (Rückreihe, B): RandM, 1 M mit Umschlag abheben, * [1 M mit dem Umschlag links zusammen, 1 M mit Umschlag abheben] 5x, 1 M mit dem Umschlag links zusammen, 5 M links, [1 M mit dem Umschlag links zusammen, 1 M mit Umschlag abheben] 6x; ab * stets wiederholen, RandM.
24. Reihe (Hinreihe, A): RandM, * [1 M mit dem Umschlag links zusammen, 1 M mit Umschlag abheben] 6x, 5 M links, [1 M mit Umschlag abheben, 1 M mit dem Umschlag links zusammen] 5x, 1 M mit Umschlag abheben; ab * stets wiederholen, 1 M mit dem Umschlag links zusammen, RandM.
24. Reihe (Hinreihe, B): RandM, * [1 M mit Umschlag abheben, 1 M mit dem Umschlag rechts zusammen] 5x, 1 M mit Umschlag abheben, 3 M aus 1 M herausstricken, 5 M rechts zusammen, 3 M aus 1 M herausstricken, [1 M mit Umschlag abheben, 1 M mit dem Umschlag rechts zusammen] 5x; ab * stets wiederholen, 1 M mit Umschlag abheben, RandM.
25. Reihe (Rückreihe, A): RandM, 1 M mit dem Umschlag rechts zusammen, * [1 M mit Um-

schlag abheben, 1 M mit dem Umschlag rechts zusammen] 5x, [1 M mit Umschlag abheben, 1 M rechts] 3x, [1 M mit Umschlag abheben, 1 M mit dem Umschlag rechts zusammen] 6x; ab * stets wiederholen, RandM.

25. Reihe (Rückreihe, B): wie die 9. Reihe (Rückreihe, B)

26. Reihe (Hinreihe, A): wie die 10. Reihe (Hinreihe, A)

26. Reihe (Hinreihe, B): RandM, 3 M aus 1 M herausstricken, * 3 M rechts überzogen zusammen, [1 M mit Umschlag abheben, 1 M mit dem Umschlag rechts zusammen] 10x, 1 M mit Umschlag abheben, 3 M rechts zusammen, 5 M aus 1 M herausstricken; ab * stets wiederholen, 3 M rechts überzogen zusammen, [1 M mit Umschlag abheben, 1 M mit dem Umschlag rechts zusammen] 10x, 1 M mit Umschlag abheben, 3 M rechts zusammen, 3 M aus 1 M herausstricken, RandM.

27. Reihe (Rückreihe, A): RandM, 1 M rechts, * 2 M rechts, [1 M mit Umschlag abheben, 1 M mit dem Umschlag rechts zusammen] 11x, 1 M mit Umschlag abheben, 3 M rechts; ab * stets wiederholen, RandM.

27. Reihe (Rückreihe, B): RandM, 1 M rechts, * 2 M links, [1 M mit dem Umschlag links zusammen, 1 M mit Umschlag abheben] 11x, 1 M mit dem Umschlag links zusammen, 3 M links; ab * stets wiederholen, RandM.

28. Reihe (Hinreihe, A): RandM, * 3 M links, [1 M mit Umschlag abheben, 1 M mit dem Umschlag links zusammen] 11x, 1 M mit Umschlag abheben, 2 M links; ab * stets wiederholen, 1 M links, RandM.

28. Reihe (Hinreihe, B): RandM, * 2 M rechts, 3 M aus 1 M herausstricken, 3 M rechts überzogen zusammen, [1 M mit Umschlag abheben, 1 M mit dem Umschlag rechts zusammen] 8x, 1 M mit Umschlag abheben, 3 M rechts zusammen, 3 M aus 1 M herausstricken, 1 M rechts, RandM.

29. Reihe (Rückreihe, A): RandM, 1 M rechts, * 4 M rechts, [1 M mit Umschlag abheben, 1 M mit dem Umschlag rechts zusammen] 9x, 1 M mit Umschlag abheben, 5 M rechts; ab * stets wiederholen, RandM.

29. Reihe (Rückreihe, B): RandM, 1 M links, * 4 M links, [1 M mit dem Umschlag links zusammen, 1 M mit Umschlag abheben] 9x, 1 M mit dem Umschlag links zusammen, 5 M links; ab * stets wiederholen, RandM.

30. Reihe (Hinreihe, A): RandM, * 5 M links, [1 M mit Umschlag abheben, 1 M mit dem Umschlag links zusammen] 9x, 1 M mit Umschlag abheben, 4 M links; ab * stets wiederholen, 1 M links, RandM.

30. Reihe (Hinreihe, B): RandM, * 4 M rechts, 3 M aus 1 M herausstricken, 3 M rechts überzogen zusammen, [1 M mit Umschlag abheben, 1 M mit dem Umschlag rechts zusammen] 6x, 1 M mit Umschlag abheben, 3 M rechts zusammen, 3 M aus 1 M herausstricken, 3 M rechts; ab * stets wiederholen, 1 M rechts, RandM.

31. Reihe (Rückreihe, A): RandM, 1 M rechts, * 6 M rechts, [1 M mit Umschlag abheben, 1 M mit dem Umschlag rechts zusammen] 7x, 1 M mit Umschlag abheben, 7 M rechts; ab * stets wiederholen, RandM.

31. Reihe (Rückreihe, B): RandM, 1 M links, * 6 M links, [1 M mit dem Umschlag links zusammen, 1 M mit Umschlag abheben] 7x, 1 M mit dem Umschlag links zusammen, 7 M links; ab * stets wiederholen, RandM.

32. Reihe (Hinreihe, A): RandM, * 7 M links, [1 M mit Umschlag abheben, 1 M mit dem Umschlag links zusammen] 7x, 1 M mit Umschlag abheben, 6 M links; ab * stets wiederholen, 1 M links, RandM.

32. Reihe (Hinreihe, B): RandM, * 6 M rechts, 3 M aus 1 M herausstricken, 3 M rechts überzogen zusammen, [1 M mit Umschlag abheben, 1 M mit dem Umschlag rechts zusammen] 4x, 1 M mit Umschlag abheben, 3 M rechts zusammen, 3 M aus 1 M herausstricken, 5 M rechts; ab * stets wiederholen, 1 M rechts, RandM.

33. Reihe (Rückreihe, A): RandM, 1 M rechts, * 8 M rechts, [1 M mit Umschlag abheben, 1 M mit dem Umschlag rechts zusammen] 5x, 1 M mit Umschlag abheben, 9 M rechts; ab * stets wiederholen, RandM.

33. Reihe (Rückreihe, B): RandM, 1 M links, * 8 M links, [1 M mit dem Umschlag links zusammen, 1 M mit Umschlag abheben] 5x, 1 M mit dem Umschlag links zusammen, 9 M links; ab * stets wiederholen, RandM.

1x die 1. – 33. Reihe arbeiten, dabei mit einer Rückreihe beginnen und enden. Dann die 2. – 33. Reihe stets wiederholen.

STRICKEN NACH STRICKSCHRIFT

In der Strickschrift sind alle Hin- und Rückreihen des Höhenrapportes notiert. Der Buchstabe hinter der Reihenziffer zeigt die Farbe an, in der die Reihe gearbeitet wird. Die Maschen sind so bezeichnet, wie sie gestrickt werden.

In den Hinreihen mit der RandM und den M vor dem rechten Pfeil beginnen, den Rapport von 28 M zwischen den Pfeilen stets wiederholen und mit den M und der RandM nach dem linken Pfeil enden.
In den Rückreihen die Strickschrift entsprechend von links nach rechts lesen.

1x die 1. - 33. Reihe arbeiten, dabei mit einer Rückreihe beginnen und enden. Dann die 2. - 33. Reihe stets wiederholen.

Streifenfolge:

* 1 HinR Farbe A, 1 HinR Farbe B, 1 RückrR Farbe A, 1 RückrR Farbe B; ab * stets wiederholen.

Für die hier abgebildete Farbvariante wurde Curry als Farbe A und Dunkelgrau als Farbe B gewählt.

Zeichenerklärung:

[+] = Randmasche (= die 1. Masche jeder Reihe abheben, die letzte Masche jeder Reihe rechts stricken)
[ ] = 1 Masche rechts
[–] = 1 Masche links
= 1 Masche mit 1 Umschlag abheben
= 1 Masche mit dem Umschlag rechts zusammenstricken
= 1 Masche mit dem Umschlag links zusammenstricken
= 3 M rechts zusammenstricken
= 3 M rechts überzogen zusammenstricken (= 1 M wie zum Rechtsstricken abheben, 2 M rechts zusammen, dann die abgehobene M überziehen)
= 5 M rechts zusammenstricken
= 3 M aus 1 M herausstricken (= 1 M rechts, 1 Umschlag, 1 M rechts, dabei auch den Umschlag der Vorreihe mitfassen)
= 5 M aus 1 M herausstricken (= 1 M rechts, 1 Umschlag, 1 M rechts, 1 Umschlag, 1 M rechts, dabei auch den Umschlag der Vorreihe mitfassen)

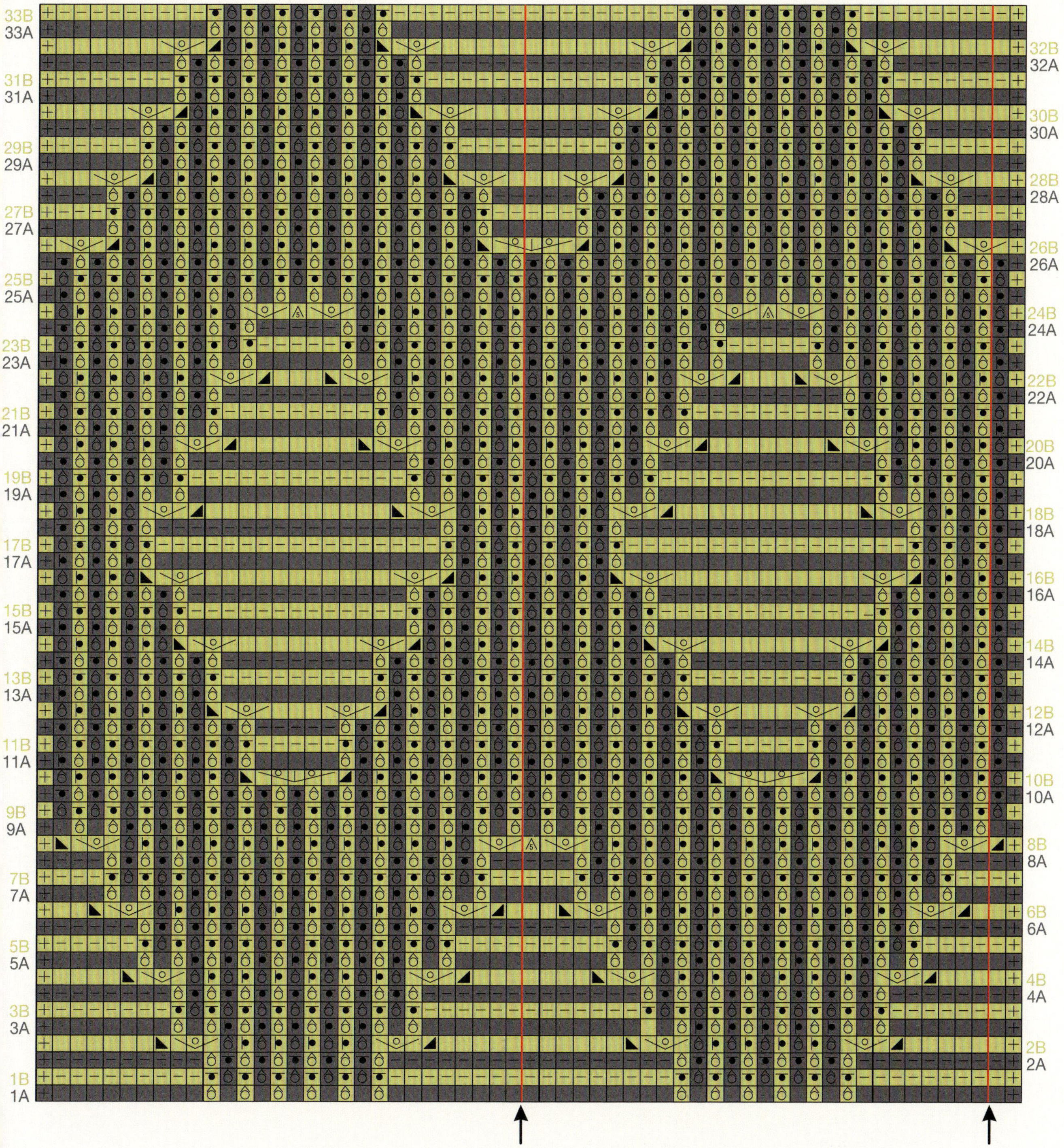
33B
33A
32B
32A
31B
31A
30B
30A
29B
29A
28B
28A
27B
27A
26B
26A
25B
25A
24B
24A
23B
23A
22B
22A
21B
21A
20B
20A
19B
19A
18B
18A
17B
17A
16B
16A
15B
15A
14B
14A
13B
13A
12B
12A
11B
11A
10B
10A
9B
9A
8B
8A
7B
7A
6B
6A
5B
5A
4B
4A
3B
3A
2B
2A
1B
1A

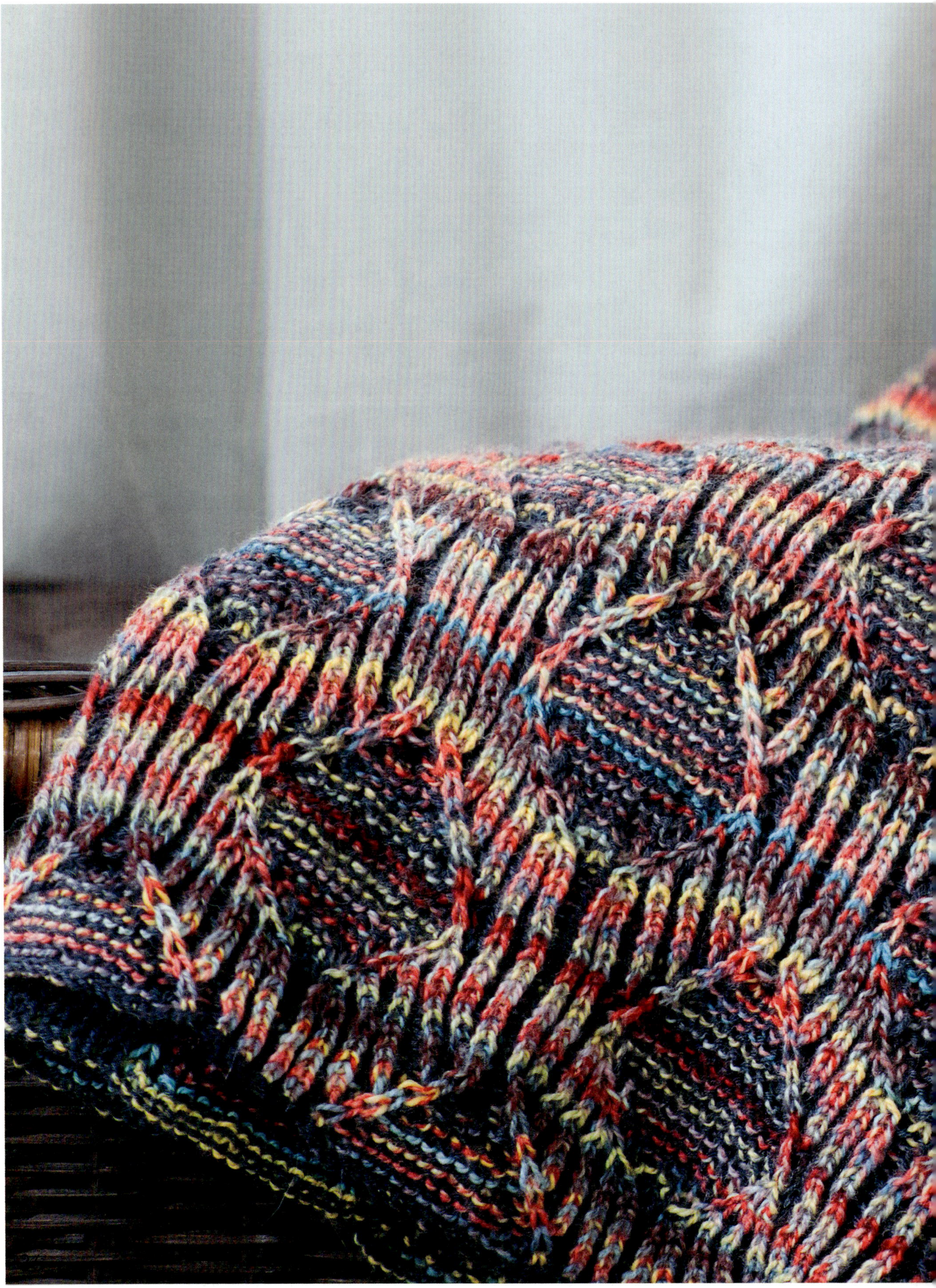

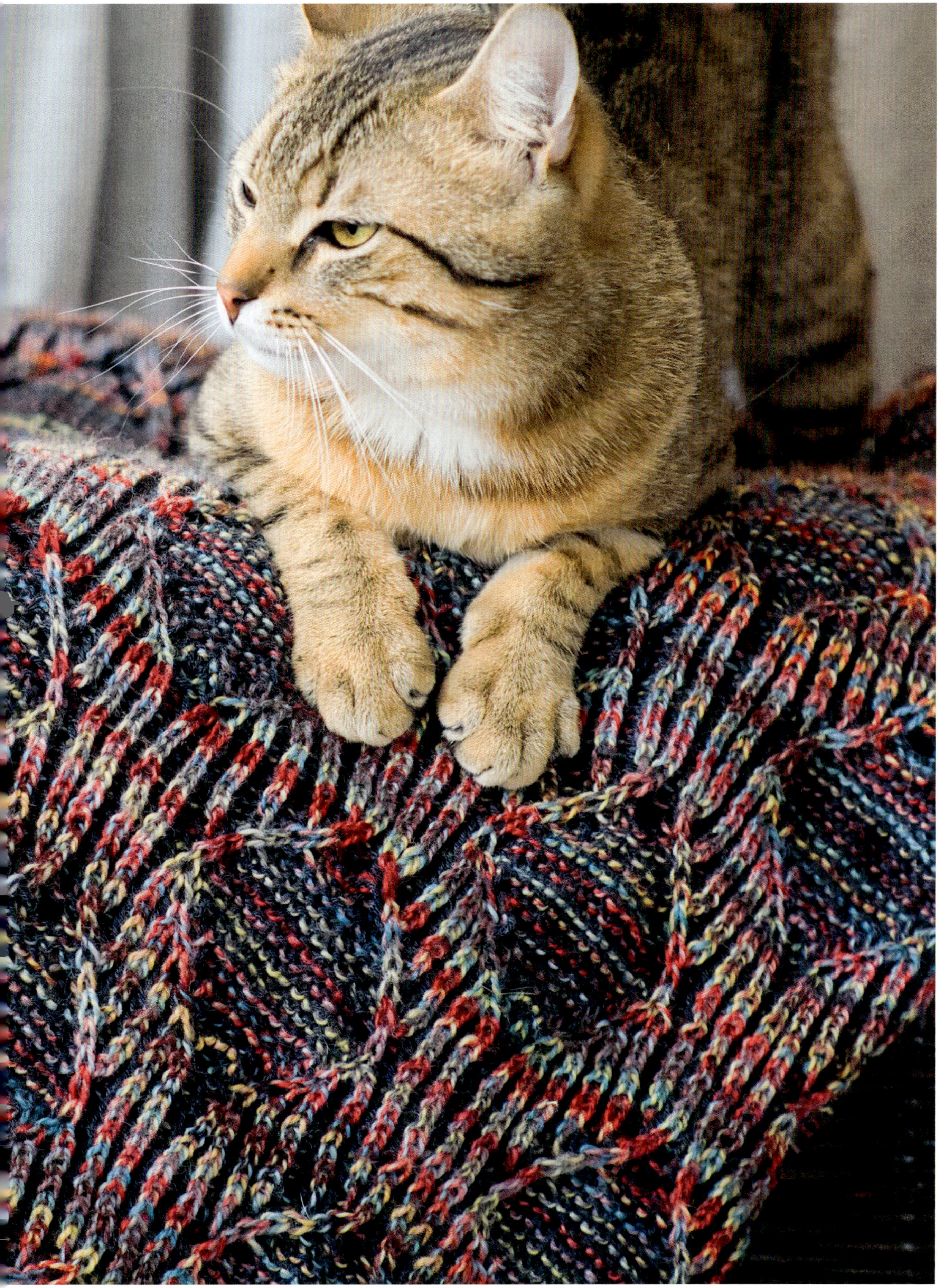

Flächenmuster

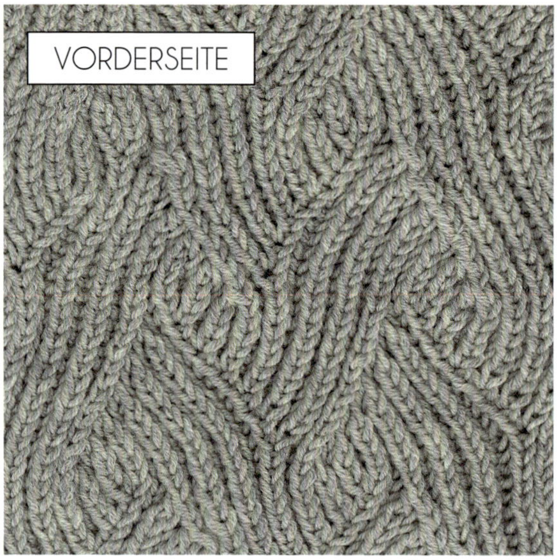

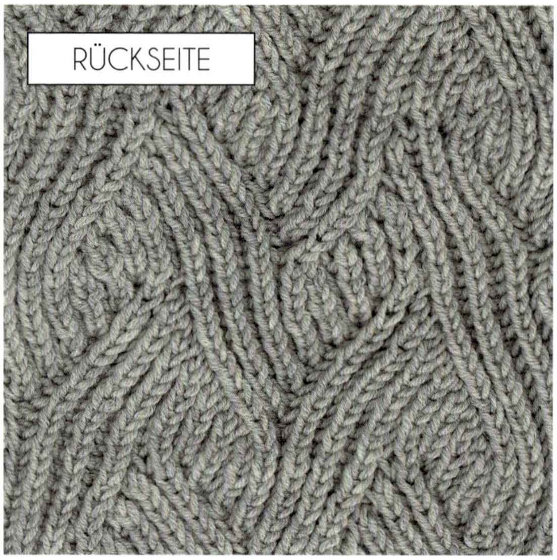

Schwierigkeitsgrad mittel
Kategorie Flächenmuster

Maschenzahl teilbar durch 16 + 7 + 2 Randmaschen.

Werden in diesem Muster mehrere Maschen zusammengestrickt, werden sie immer inklusive ihrer Umschläge zusammengestrickt.

Randmaschen:
Die 1. M jeder R abheben (Faden hinten), die letzte M rechts stricken.

STRICKEN NACH MUSTERBESCHREIBUNG

1. Reihe (Hinreihe): RandM, * 1 M mit Umschlag abheben, 1 M rechts; ab * stets wiederholen, 1 M mit Umschlag abheben, RandM.
2. Reihe (Rückreihe): RandM, * 1 M mit dem Umschlag rechts zusammen, 1 M mit Umschlag abheben; ab * stets wiederholen, 1 M mit dem Umschlag rechts zusammen, RandM.
3. Reihe: RandM, [1 M mit Umschlag abheben, 1 M mit dem Umschlag rechts zusammen] 3x, 1 M mit Umschlag abheben, * 3 M rechts überzogen zusammen (= 1 M wie zum Rechtsstricken abheben, 2 M rechts zusammen, dann die abgehobene M überziehen; immer mit den dazugehörigen Umschlägen arbeiten), [1 M mit Umschlag abheben, 1 M mit dem Umschlag rechts zusammen] 5x, 1 M mit Umschlag abheben, 3 M aus 1 M herausstricken (= 1 M rechts, 1 Umschlag, 1 M rechts, dabei die M mit dem Umschlag zusammen), 1 M mit Umschlag abheben; ab * stets wiederholen, RandM.
4. Reihe: RandM, * 1 M mit dem Umschlag rechts zusammen, 1 M mit Umschlag abheben, 1 M rechts, 1 M mit Umschlag abheben, [1 M mit dem Umschlag rechts zusammen, 1 M mit Umschlag abheben] 6x; ab * stets wiederholen, [1 M mit dem Umschlag rechts zusammen, 1 M mit Umschlag abheben] 3x, 1 M mit dem Umschlag rechts zusammen, RandM.
5. Reihe: RandM, * 1 M mit Umschlag abheben, 1 M mit dem Umschlag rechts zusammen; ab * stets wiederholen, 1 M mit Umschlag abheben, RandM.
6. Reihe: Wie die 2. Reihe arbeiten.
7. Reihe: RandM, [1 M mit Umschlag abheben, 1 M mit dem Umschlag rechts zusammen] 3x, 1 M mit Umschlag abheben, * 3 M rechts überzogen zusammen, [1 M mit Umschlag abheben, 1 M mit dem Umschlag rechts zusammen] 4x, 1 M mit Umschlag abheben, 3 M aus 1 M herausstricken, 1 M mit Umschlag abheben, 1 M mit dem Umschlag rechts zusammen, 1 M mit Umschlag abheben; ab * stets wiederholen, RandM.
8. Reihe: RandM, * [1 M mit dem Umschlag rechts zusammen, 1 M mit Umschlag abheben] 2x, 1 M rechts, 1 M mit Umschlag abheben, [1 M mit dem Umschlag rechts zusammen, 1 M mit Umschlag abheben] 5x; ab * stets wiederholen, [1 M mit dem Umschlag rechts zusammen,

1 M mit Umschlag abheben] 3x, 1 M mit dem Umschlag rechts zusammen, RandM.

9. und 10. Reihe: Wie die 5. und 6. R arbeiten.

11. Reihe: RandM, [1 M mit Umschlag abheben, 1 M mit dem Umschlag rechts zusammen] 3x, 1 M mit Umschlag abheben, * 3 M rechts überzogen zusammen, [1 M mit Umschlag abheben, 1 M mit dem Umschlag rechts zusammen] 3x, 1 M mit Umschlag abheben, 3 M aus 1 M herausstricken, [1 M mit Umschlag abheben, 1 M mit dem Umschlag rechts zusammen] 2x, 1 M mit Umschlag abheben; ab * stets wiederholen, RandM.

12. Reihe: RandM, * [1 M mit dem Umschlag rechts zusammen, 1 M mit Umschlag abheben] 3x, 1 M rechts, 1 M mit Umschlag abheben, [1 M mit dem Umschlag rechts zusammen, 1 M mit Umschlag abheben] 4x; ab * stets wiederholen, [1 M mit dem Umschlag rechts zusammen, 1 M mit Umschlag abheben] 3x, 1 M mit dem Umschlag rechts zusammen, RandM.

13. und 14. Reihe: Wie die 5. und 6. R arbeiten.

15. Reihe: RandM, [1 M mit Umschlag abheben, 1 M mit dem Umschlag rechts zusammen] 3x, 1 M mit Umschlag abheben, * 3 M rechts überzogen zusammen, [1 M mit Umschlag abheben, 1 M mit dem Umschlag rechts zusammen] 2x, 1 M mit Umschlag abheben, 3 M aus 1 M herausstricken, [1 M mit Umschlag abheben, 1 M mit dem Umschlag rechts zusammen] 3x, 1 M mit Umschlag abheben; ab * stets wiederholen, RandM.

16. Reihe: RandM, * [1 M mit dem Umschlag rechts zusammen, 1 M mit Umschlag abheben] 4x, 1 M rechts, 1 M mit Umschlag abheben, [1 M mit dem Umschlag rechts zusammen, 1 M mit Umschlag abheben] 3x; ab * stets wiederholen, [1 M mit dem Umschlag rechts zusammen, 1 M mit Umschlag abheben] 3x, 1 M mit dem Umschlag rechts zusammen, RandM.

17. und 18. Reihe: Wie die 5. und 6. R arbeiten.

19. Reihe: RandM, [1 M mit Umschlag abheben, 1 M mit dem Umschlag rechts zusammen] 3x, 1 M mit Umschlag abheben, * 3 M rechts überzogen zusammen, 1 M mit Umschlag abheben, 1 M mit dem Umschlag rechts zusammen, 1 M mit Umschlag abheben, 3 M aus 1 M herausstricken, [1 M mit Umschlag abheben, 1 M mit dem Umschlag rechts zusammen] 4x, 1 M mit Umschlag abheben; ab * stets wiederholen, RandM.

20. Reihe: RandM, * [1 M mit dem Umschlag rechts zusammen, 1 M mit Umschlag abheben] 5x, 1 M rechts, 1 M mit Umschlag abheben, [1 M mit dem Umschlag rechts zusammen, 1 M mit Umschlag abheben] 2x; ab * stets wiederholen, [1 M mit dem Umschlag rechts zusammen, 1 M mit Umschlag abheben] 3x, 1 M mit dem Umschlag rechts zusammen, RandM.

21. und 22. Reihe: Wie die 5. und 6. R arbeiten.

23. Reihe: RandM, [1 M mit Umschlag abheben, 1 M mit dem Umschlag rechts zusammen] 3x, 1 M mit Umschlag abheben, * 3 M rechts überzogen zusammen, 1 M mit Umschlag abheben, 3 M aus 1 M herausstricken, [1 M mit Umschlag abheben, 1 M mit dem Umschlag rechts zusammen] 5x, 1 M mit Umschlag abheben; ab * stets wiederholen, RandM.

24. Reihe: RandM, * [1 M mit dem Umschlag rechts zusammen, 1 M mit Umschlag abheben] 6x, 1 M rechts, 1 M mit Umschlag abheben, 1 M mit dem Umschlag rechts zusammen, 1 M mit Umschlag abheben; ab * stets wiederholen, [1 M mit dem Umschlag rechts zusammen, 1 M mit Umschlag abheben] 3x, 1 M mit dem Umschlag rechts zusammen, RandM.

25. und 26. Reihe: Wie die 5. und 6. R arbeiten.

27. Reihe: RandM, * 1 M mit Umschlag abheben, 3 M aus 1 M herausstricken, [1 M mit Umschlag abheben, 1 M mit dem Umschlag rechts zusammen] 5x, 1 M mit Umschlag abheben, 3 M rechts zusammen; ab * stets wiederholen, [1 M mit Umschlag abheben, 1 M mit dem Umschlag rechts zusammen] 3x, 1 M mit Umschlag abheben, RandM.

28. Reihe: RandM, [1 M mit dem Umschlag rechts zusammen, 1 M mit Umschlag abheben] 3x, 1 M mit dem Umschlag rechts zusammen, * [1 M mit Umschlag abheben, 1 M mit dem Umschlag rechts zusammen] 6x, 1 M mit Umschlag abheben, 1 M rechts, 1 M mit Umschlag abheben, 1 M mit dem Umschlag rechts zusammen; ab * stets wiederholen, RandM.

29. und 30. Reihe: Wie die 5. und 6. R arbeiten.

31. Reihe: RandM, * 1 M mit Umschlag abheben, 1 M mit dem Umschlag rechts zusammen, 1 M mit Umschlag abheben, 3 M aus 1 M herausstricken, [1 M mit Umschlag abheben, 1 M mit dem Umschlag rechts zusammen] 4x, 1 M mit Umschlag abheben, 3 M rechts zusammen; ab * stets wiederholen, [1 M mit Umschlag abheben, 1 M mit dem Umschlag rechts zusammen] 3x, 1 M mit Umschlag abheben, RandM.

32. Reihe: RandM, [1 M mit dem Umschlag rechts zusammen, 1 M mit Umschlag abheben] 3x, 1 M mit dem Umschlag rechts zusammen, * [1 M mit Umschlag abheben, 1 M mit dem Umschlag rechts zusammen] 5x,

1 M mit Umschlag abheben, 1 M rechts, [1 M mit Umschlag abheben, 1 M mit dem Umschlag rechts zusammen] 2x; ab * stets wiederholen, RandM.
33. und 34. Reihe: Wie die 5. und 6. R arbeiten.
35. Reihe: RandM, * [1 M mit Umschlag abheben, 1 M mit dem Umschlag rechts zusammen] 2x, 1 M mit Umschlag abheben, 3 M aus 1 M herausstricken, [1 M mit Umschlag abheben, 1 M mit dem Umschlag rechts zusammen] 3x, 1 M mit Umschlag abheben, 3 M rechts zusammen; ab * stets wiederholen, [1 M mit Umschlag abheben, 1 M mit dem Umschlag rechts zusammen] 3x, 1 M mit Umschlag abheben, RandM.
36. Reihe: RandM, [1 M mit dem Umschlag rechts zusammen, 1 M mit Umschlag abheben] 3x, 1 M mit dem Umschlag rechts zusammen, * [1 M mit Umschlag abheben, 1 M mit dem Umschlag rechts zusammen] 4x, 1 M mit Umschlag abheben, 1 M rechts, 1 M mit Umschlag abheben, [1 M mit dem Umschlag rechts zusammen, 1 M mit Umschlag abheben] 2x, 1 M mit dem Umschlag rechts zusammen; ab * stets wiederholen, RandM.
37. und 38. Reihe: Wie die 5. und 6. R arbeiten.
39. Reihe: RandM, * [1 M mit Umschlag abheben, 1 M mit dem Umschlag rechts zusammen] 3x, 1 M mit Umschlag abheben, 3 M aus 1 M herausstricken, [1 M mit Umschlag abheben, 1 M mit dem Umschlag rechts zusammen] 2x, 1 M mit Umschlag abheben, 3 M rechts zusammen; ab * stets wiederholen, [1 M mit Umschlag abheben, 1 M mit dem Umschlag rechts zusammen] 3x, 1 M mit Umschlag abheben, RandM.
40. Reihe: RandM, [1 M mit dem Umschlag rechts zusammen, 1 M mit Umschlag abheben] 3x, 1 M mit dem Umschlag rechts zusammen, * [1 M mit Umschlag abheben, 1 M mit dem Umschlag rechts zusammen] 3x, 1 M mit Umschlag abheben, 1 M rechts, 1 M mit Umschlag abheben, [1 M mit dem Umschlag rechts zusammen, 1 M mit Umschlag abheben] 3x, 1 M mit dem Umschlag rechts zusammen; ab * stets wiederholen, RandM.
41. und 42. Reihe: Wie die 5. und 6. R arbeiten.
43. Reihe: RandM, * [1 M mit Umschlag abheben, 1 M mit dem Umschlag rechts zusammen] 4x, 1 M mit Umschlag abheben, 3 M aus 1 M herausstricken, 1 M mit Umschlag abheben, 1 M mit dem Umschlag rechts zusammen, 1 M mit Umschlag abheben, 1 M mit Umschlag abheben, 1 M mit dem Umschlag rechts zusammen, 1 M mit Umschlag abheben, 3 M rechts zusammen; ab * stets wiederholen, [1 M mit Umschlag abheben, 1 M mit dem Umschlag rechts zusammen] 3x, 1 M mit Umschlag abheben, RandM.
44. Reihe: RandM, [1 M mit dem Umschlag rechts zusammen, 1 M mit Umschlag abheben] 3x, 1 M mit dem Umschlag rechts zusammen * [1 M mit Umschlag abheben, 1 M mit dem Umschlag rechts zusammen] 2x, 1 M mit Umschlag abheben, 1 M rechts, 1 M mit Umschlag abheben, [1 M mit dem Umschlag rechts zusammen, 1 M mit Umschlag abheben] 4x, 1 M mit dem Umschlag rechts zusammen; ab * stets wiederholen, RandM.
45. und 46. Reihe: Wie die 5. und 6. R arbeiten.
47. Reihe: RandM, * [1 M mit Umschlag abheben, 1 M mit dem Umschlag rechts zusammen] 5x, 1 M mit Umschlag abheben, 3 M aus 1 M herausstricken, 1 M mit Umschlag abheben, 3 M rechts zusammen; ab * stets wiederholen, [1 M mit Umschlag abheben, 1 M mit dem Umschlag rechts zusammen] 3x, 1 M mit Umschlag abheben, RandM.
48. Reihe: RandM, [1 M mit dem Umschlag rechts zusammen, 1 M mit Umschlag abheben] 3x, 1 M mit dem Umschlag rechts zusammen, * 1 M mit Umschlag abheben, 1 M mit dem Umschlag rechts zusammen,1 M mit Umschlag abheben, 1 M rechts, [1 M mit Umschlag abheben, 1 M mit dem Umschlag rechts zusammen] 6x; ab * stets wiederholen, RandM.
49. und 50. Reihe: Wie die 5. und 6. R arbeiten.

1x die 1. - 50. Reihe arbeiten, dann die 3. - 50. Reihe stets wiederholen.

STRICKEN NACH STRICKSCHRIFT

In der Strickschrift sind alle Hin- und Rückreihen des Höhenrapportes notiert. Die Maschen sind so bezeichnet, wie sie gestrickt werden.

In den Hinreihen mit der RandM und den M vor dem rechten Pfeil beginnen, den Rapport von 16 M zwischen den Pfeilen stets wiederholen und mit den M und der RandM nach dem linken Pfeil enden. Der Rapport verschiebt sich in der 27. Reihe.
In den Rückreihen die Strickschrift entsprechend von links nach rechts lesen.

1x die 1. - 50. Reihe arbeiten, dann die 3. - 50. Reihe stets wiederholen.

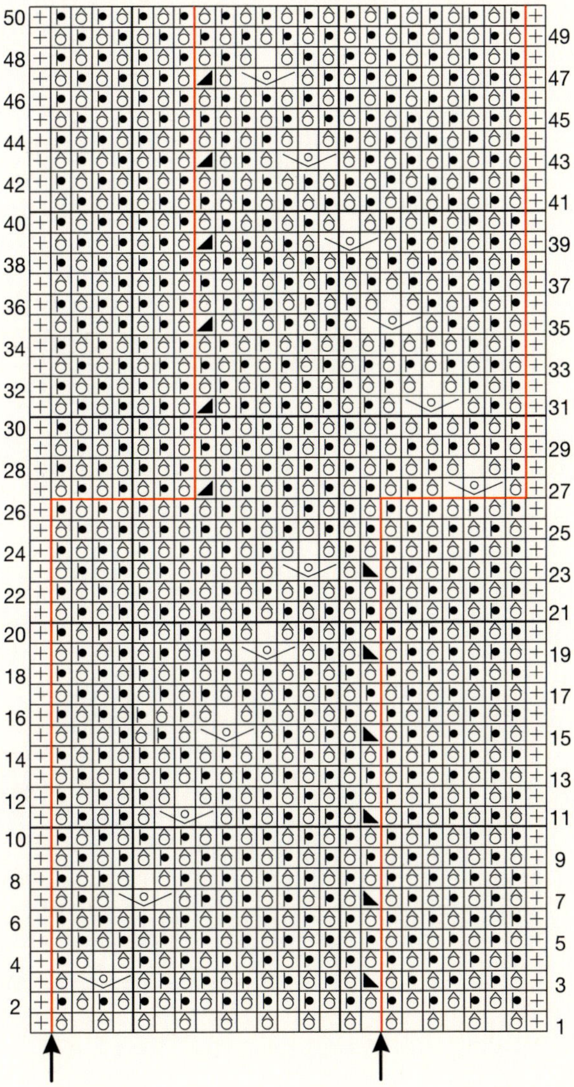

Zeichenerklärung:

= Randmasche (= die 1. Masche jeder Reihe abheben (Faden hinten), die letzte Masche jeder Reihe rechts stricken)

= 1 Masche rechts

= 1 Masche mit Umschlag abheben

= 1 Masche mit dem Umschlag rechts zusammenstricken

= 3 Maschen rechts zusammenstricken

= 3 M rechts überzogen zusammenstricken (= 1 Masche wie zum Rechtsstricken abheben, 2 M rechts zusammenstricken, dann die abgehobene M überziehen; immer mit den dazugehörigen Umschlägen arbeiten)

= 3 M aus 1 M herausstricken (= 1 M rechts, 1 Umschlag, 1 M rechts, dabei die M jeweils mit dem Umschlag zusammenstricken)

Schachbrettmuster

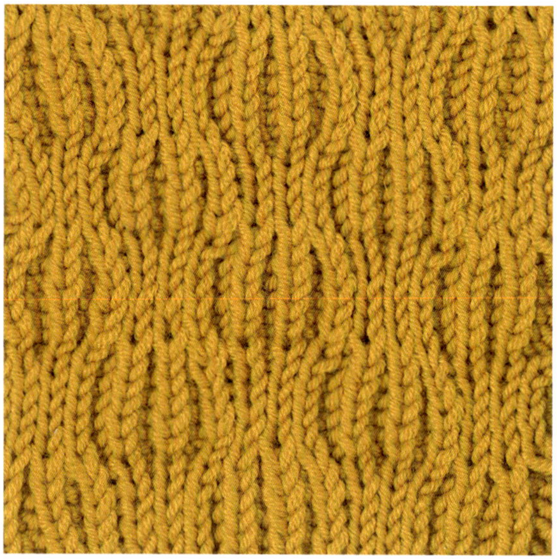

Schwierigkeitsgrad mittel
Kategorie Flächenmuster

Maschenzahl teilbar durch 12 + 6 + 2 Randmaschen.

Randmaschen:
Die 1. M jeder R abheben (Faden hinten), die letzte M rechts stricken.

STRICKEN NACH MUSTERBESCHREIBUNG

1. Reihe (Hinreihe): RandM, * [1 M mit Umschlag abheben, 1 M rechts] 3x, [1 M rechts, 1 M abheben (Faden vor der Arbeit)] 3x; ab * stets wiederholen, [1 M mit Umschlag abheben, 1 M rechts] 3x, RandM.
2. Reihe (Rückreihe): RandM, * [1 M mit Umschlag abheben, 1 M mit dem Umschlag rechts zusammen] 3x, [1 M rechts, 1 M abheben (Faden vor der Arbeit)] 3x; ab * stets wiederholen, [1 M mit Umschlag abheben, 1 M mit dem Umschlag rechts zusammen] 3x, RandM.
3. Reihe: RandM, * [1 M mit Umschlag abheben, 1 M mit dem Umschlag rechts zusammen] 3x, [1 M rechts, 1 M abheben (Faden vor der Arbeit)] 3x; ab * stets wiederholen, [1 M mit Umschlag abheben, 1 M mit dem Umschlag rechts zusammen] 3x, RandM.
4. Reihe: RandM, * [1 M mit Umschlag abheben, 1 M mit dem Umschlag rechts zusammen] 3x, [1 M rechts, 1 M abheben (Faden vor der Arbeit)] 3x; ab * stets wiederholen, [1 M mit Umschlag abheben, 1 M mit dem Umschlag rechts zusammen] 3x, RandM.
5. - 12. Reihe: Die 3. - 4. Reihe noch 4x wiederholen.
13. Reihe: RandM, * [1 M abheben (Faden vor der Arbeit), 1 M mit dem Umschlag rechts zusammen] 3x, [1 M rechts, 1 M mit 1 Umschlag abheben] 3x; ab * stets wiederholen, [1 M abheben (Faden vor der Arbeit), 1 M mit dem Umschlag rechts zusammen 3x, RandM.
14. Reihe: RandM, * [1 M abheben (Faden vor der Arbeit, 1 M rechts] 3x, [1 M mit dem Umschlag rechts zusammen, 1 M mit Umschlag abheben] 3x; ab * stets wiederholen, [1 M abheben (Faden vor der Arbeit, 1 M rechts] 3x, RandM.
15. Reihe: RandM, * [1 M abheben (Faden vor der Arbeit, 1 M rechts] 3x, [1 M mit dem Umschlag rechts zusammen, 1 M mit Umschlag abheben] 3x; ab * stets wiederholen, [1 M abheben (Faden vor der Arbeit, 1 M rechts] 3x, RandM.
16. Reihe = Rückreihe: RandM, * [1 M abheben (Faden vor der Arbeit, 1 M rechts] 3x, [1 M mit dem Umschlag rechts zusammen, 1 M mit Umschlag abheben] 3x; ab * stets wiederholen, [1 M abheben (Faden vor der Arbeit, 1 M rechts] 3x, RandM.
17. - 24. Reihe: Die 15. - 16. Reihe noch 4x wiederholen.
25. Reihe: RandM, * [1 M mit Umschlag abheben, 1 M rechts] 3x, [1 M mit dem Umschlag rechts zusammen, 1 M abheben (Faden vor der Arbeit)] 3x; ab * stets wiederholen, [1 M mit Umschlag abheben, 1 M rechts] 3x, RandM.

1x die 1. - 25. Reihe arbeiten, dann die 2. - 25. Reihe stets wiederholen.

STRICKEN NACH STRICKSCHRIFT

In der Strickschrift sind alle Hin- und Rückreihen des Höhenrapportes notiert. Die Maschen sind so bezeichnet, wie sie gestrickt werden.

In den Hinreihen mit der RandM vor dem rechten Pfeil beginnen, den Rapport von 12 M zwischen den Pfeilen stets wiederholen und mit den 6 M und der RandM nach dem linken Pfeil enden.
In den Rückreihen die Strickschrift entsprechend von links nach rechts lesen.

1x die 1. - 25. Reihe arbeiten. Dann die 2. - 25. Reihe stets wiederholen.

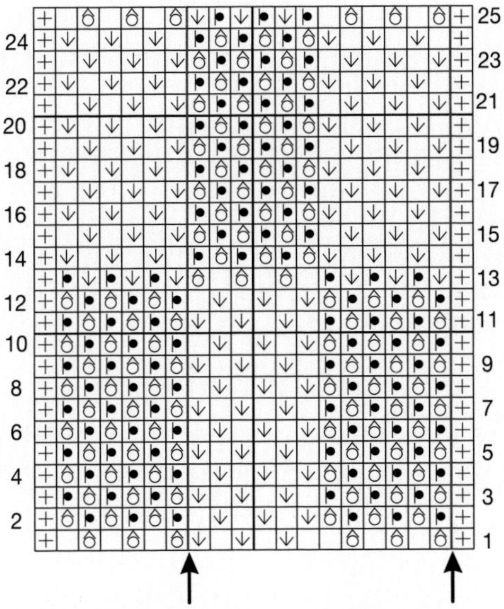

Zeichenerklärung:

[+] = Randmasche (= die 1. Masche jeder Reihe abheben (Faden hinten), die letzte Masche jeder Reihe rechts stricken)

[ ] = 1 Masche rechts

[Umschlag] = 1 Masche mit 1 Umschlag abheben

[•] = 1 Masche mit dem Umschlag rechts zusammenstricken

[↓] = 1 M mit dem Faden vor der Arbeit abheben

Ajour Patentzopf

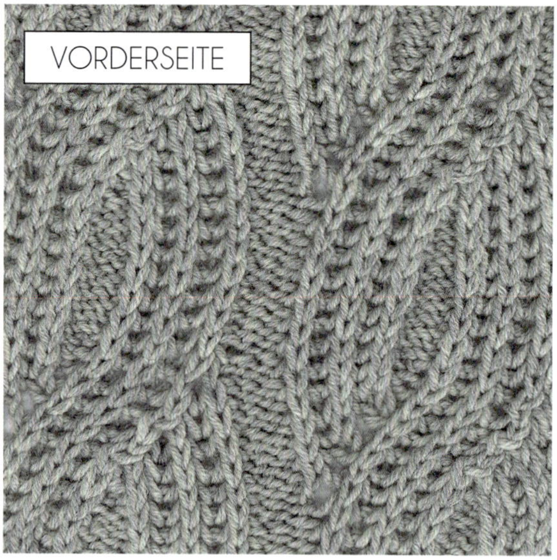

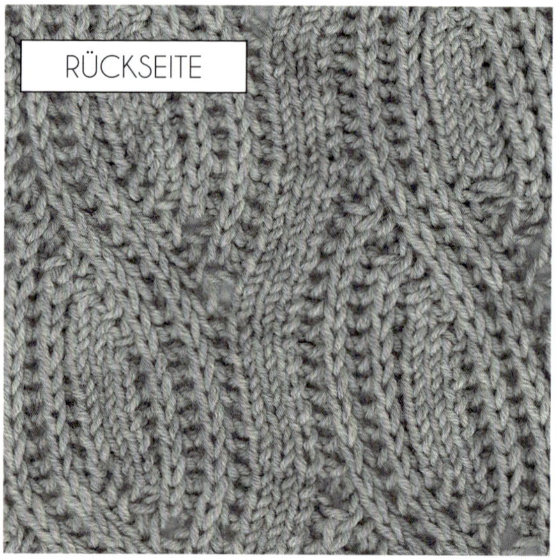

Schwierigkeitsgrad mittel
Kategorie Ajourmuster

Maschenzahl teilbar durch 16 + 3 + 2 Randmaschen.

Randmaschen:
Die 1. M jeder R abheben (Faden hinten), die letzte M rechts stricken.

STRICKEN NACH MUSTERBESCHREIBUNG

1. Reihe (Hinreihe): RandM, * 3 M links, [1 M rechts, 1 M mit Umschlag abheben] 2x, 1 M rechts; ab * stets wiederholen, 3 M links, RandM.
2. Reihe (Rückreihe): RandM, 3 M rechts, * [1 M mit Umschlag abheben, 1 M mit dem Umschlag rechts zusammen] 2x, 1 M mit Umschlag abheben, 3 M rechts; ab * stets wiederholen, RandM.
3. Reihe: RandM, * 3 M links, [1 M mit dem Umschlag rechts zusammen, 1 M mit Umschlag abheben] 2x, 1 M mit dem Umschlag rechts zusammen; ab * stets wiederholen, 3 M links, RandM.
4. - 10. Reihe: Die 2. und 3. Reihe noch 3x wiederholen, dann noch 1x die 2. Reihe arbeiten.
11. Reihe (Hinreihe): RandM, * 3 M links, [1 M mit dem Umschlag rechts zusammen, 1 M mit Umschlag abheben] 2x, 1 M mit dem Umschlag rechts zusammen, 2 M links, 2 M rechts zusammen, [1 M mit Umschlag abheben, 1 M mit dem Umschlag rechts zusammen] 2x, 1 Umschlag; ab * stets wiederholen, 3 M links, RandM.
12. Reihe (Rückreihe): RandM, 3 M rechts, * 1 M links, [1 M mit Umschlag abheben, 1 M mit dem Umschlag rechts zusammen] 2x, 1 M mit Umschlag abheben, 2 M rechts, [1 M mit Umschlag abheben, 1 M mit dem Umschlag rechts zusammen] 2x, 1 M mit Umschlag abheben, 3 M rechts; ab * stets wiederholen, RandM.
13. Reihe: RandM, * 3 M links, [1 M mit dem Umschlag rechts zusammen, 1 M mit Umschlag abheben] 2x, 1 M mit dem Umschlag rechts zusammen, 1 M links, 2 M rechts zusammen, [1 M mit Umschlag abheben, 1 M mit dem Umschlag rechts zusammen] 2x, 1 Umschlag, 1 M rechts; ab * stets wiederholen, 3 M links, RandM.
14. Reihe (Rückreihe): RandM, 3 M rechts, * 1 M mit Umschlag abheben, 1 M rechts, [1 M mit Umschlag abheben, 1 M mit dem Umschlag rechts zusammen] 2x, 1 M mit Umschlag abheben, 1 M rechts, [1 M mit Umschlag abheben, 1 M mit dem Umschlag rechts zusammen] 2x, 1 M mit Umschlag abheben, 3 M rechts; ab * stets wiederholen, RandM.
15. Reihe: RandM, * 3 M links, [1 M mit dem Umschlag rechts zusammen, 1 M mit Umschlag abheben] 2x, 1 M mit dem Umschlag rechts zusammen, 2 M rechts zusammen, [1 M mit Umschlag abheben, 1 M mit dem Umschlag rechts zusammen] 2x, 1 Umschlag, 1 M mit Umschlag abheben, 1 M mit dem Umschlag rechts zusammen; ab * stets wiederholen, 3 M links, RandM.

16. Reihe (Rückreihe): RandM, 3 M rechts, * 1 M mit Umschlag abheben, 1 M mit dem Umschlag rechts zusammen, 1 M links, [1 M mit Umschlag abheben, 1 M mit dem Umschlag rechts zusammen] 2x, 1 M links, [1 M mit Umschlag abheben, 1 M mit dem Umschlag rechts zusammen] 2x, 1 M mit Umschlag abheben, 3 M rechts; ab * stets wiederholen, RandM.
17. Reihe: RandM, * 3 M links, [1 M mit dem Umschlag rechts zusammen, 1 M mit Umschlag abheben] 2x, 2 M rechts zusammen, [1 M mit Umschlag abheben, 1 M mit dem Umschlag rechts zusammen] 2x, 1 Umschlag, 1 M rechts, 1 M mit Umschlag abheben, 1 M mit dem Umschlag rechts zusammen; ab * stets wiederholen, 3 M links, RandM.
18. Reihe (Rückreihe): RandM, 3 M rechts, * 1 M mit Umschlag abheben, 1 M mit dem Umschlag rechts zusammen, 1 M mit Umschlag abheben, 1 M rechts, [1 M mit Umschlag abheben, 1 M mit dem Umschlag rechts zusammen] 4x, 1 M mit Umschlag abheben, 3 M rechts; ab * stets wiederholen, RandM.
19. Reihe: RandM, * 3 M links, 1 M mit dem Umschlag rechts zusammen, 1 M mit Umschlag abheben, 1 M mit dem Umschlag rechts zusammen, 2 M rechts zusammen, [1 M mit Umschlag abheben, 1 M mit dem Umschlag rechts zusammen] 2x, 1 Umschlag, [1 M mit Umschlag abheben, 1 M mit dem Umschlag rechts zusammen] 2x; ab * stets wiederholen, 3 M links, RandM.
20. Reihe (Rückreihe): RandM, 3 M rechts, * [1 M mit Umschlag abheben, 1 M mit dem Umschlag rechts zusammen] 2x, 1 M links, [1 M mit Umschlag abheben, 1 M mit dem Umschlag rechts zusammen] 2x, 1 M links, 1 M mit Umschlag abheben, 1 M mit dem Umschlag rechts zusammen, 1 M mit Umschlag abheben, 3 M rechts; ab * stets wiederholen, RandM.
21. Reihe: RandM, * 3 M links, 1 M mit dem Umschlag rechts zusammen, 1 M mit Umschlag abheben, 2 M rechts zusammen, [1 M mit Umschlag abheben, 1 M mit dem Umschlag rechts zusammen] 2x, 1 Umschlag, 1 M rechts, [1 M mit Umschlag abheben, 1 M mit dem Umschlag rechts zusammen] 2x; ab * stets wiederholen, 3 M links, RandM.
22. Reihe (Rückreihe): RandM, 3 M rechts, * [1 M mit Umschlag abheben, 1 M mit dem Umschlag rechts zusammen] 2x, 1 M mit Umschlag abheben, 1 M rechts, [1 M mit Umschlag abheben, 1 M mit dem Umschlag rechts zusammen] 3x, 1 M mit Umschlag abheben, 3 M rechts; ab * stets wiederholen, RandM.
23. Reihe: RandM, * 3 M links, 1 M mit dem Umschlag rechts zusammen, 2 M rechts zusammen, [1 M mit Umschlag abheben, 1 M mit dem Umschlag rechts zusammen] 2x, 1 Umschlag, 1 M links, [1 M mit dem Umschlag rechts zusammen, 1 M mit Umschlag abheben] 2x, 1 M mit dem Umschlag rechts zusammen; ab * stets wiederholen, 3 M links, RandM.
24. Reihe (Rückreihe): RandM, 3 M rechts, * [1 M mit Umschlag abheben, 1 M mit dem Umschlag rechts zusammen] 2x, 1 M mit Umschlag abheben, 2 M rechts, [1 M mit Umschlag abheben, 1 M mit dem Umschlag rechts zusammen] 2x, 1 M links, 1 M mit Umschlag abheben, 3 M rechts; ab * stets wiederholen, RandM.
25. Reihe: RandM, * 3 M links, 2 M rechts zusammen, [1 M mit Umschlag abheben, 1 M mit dem Umschlag rechts zusammen] 2x, 1 Umschlag, 2 M links, [1 M mit dem Umschlag rechts zusammen, 1 M mit Umschlag abheben] 2x, 1 M mit dem Umschlag rechts zusammen; ab * stets wiederholen, 3 M links, RandM.
26. – 28. Reihe: 1x die 2. – 3. Reihe arbeiten, dann die 2. Reihe noch 1x wiederholen.

1x die 1. – 28. Reihe arbeiten, dann die 3. – 28. Reihe stets wiederholen.

STRICKEN NACH STRICKSCHRIFT

In der Strickschrift sind alle Hin- und Rückreihen des Höhenrapportes notiert. Die Maschen sind so bezeichnet, wie sie gestrickt werden.

<u>In den Hinreihen</u> mit der RandM vor dem rechten Pfeil beginnen, den Rapport von 16 M zwischen den Pfeilen stets wiederholen und mit den 3 M und der RandM nach dem linken Pfeil enden.
<u>In den Rückreihen</u> die Strickschrift entsprechend von links nach rechts lesen.

1x die 1. - 28. Reihe arbeiten, dann die 3. - 28. Reihe stets wiederholen.

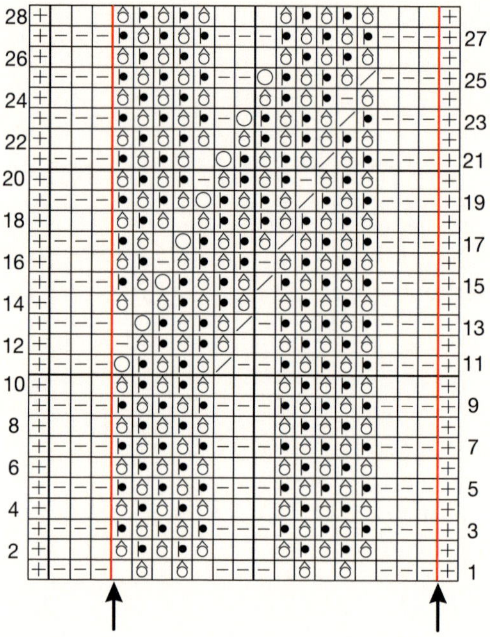

Zeichenerklärung:

- ⊞ = Randmasche (= die 1. Masche jeder Reihe abheben (Faden hinten), die letzte Masche jeder Reihe rechts stricken)
- □ = 1 Masche rechts
- ⊟ = 1 Masche links
- (Symbol Masche mit Umschlag) = 1 Masche mit Umschlag abheben
- (Symbol Punkt) = 1 Masche mit dem Umschlag rechts zusammenstricken
- ○ = 1 Umschlag
- ⧄ = 2 Maschen rechts zusammenstricken

Zickzack-Patent mit tiefgestochenen Maschen

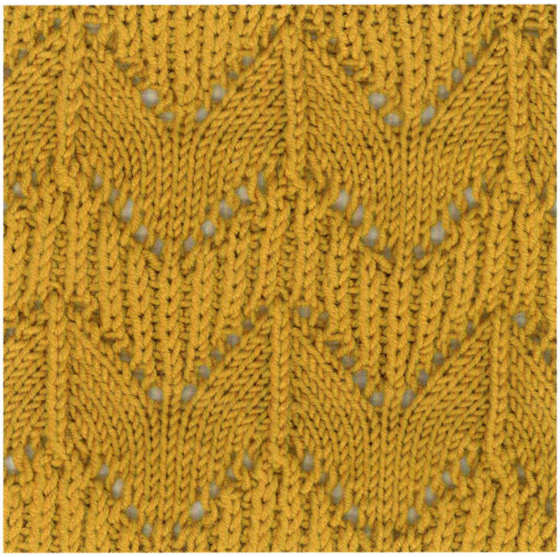

Schwierigkeitsgrad mittel
Kategorie Ajourmuster

Maschenzahl teilbar durch 14 + 1 + 2 Randmaschen.

Randmaschen:
Die 1. M jeder R abheben (Faden hinten), die letzte M rechts stricken.

STRICKEN NACH MUSTERBESCHREIBUNG

1. Reihe (Rückreihe): RandM, * 1 M links, 1 M rechts; ab * stets wiederholen, 1 M links, RandM.
2. Reihe (Hinreihe): RandM, * 1 tiefgestochene M (in die M 1 Reihe tiefer einstechen und rechts stricken, dabei löst sich die M der zuletzt gestrickten Reihe auf), 1 M links; ab * stets wiederholen, 1 tiefgestochene M, RandM.
3. Reihe: RandM, * 1 M links, 1 M rechts; ab * stets wiederholen, 1 M links, RandM.
4. Reihe: RandM, 2 M rechts überzogen zusammen (= 1 M wie zum Rechtsstricken abheben, 1 M rechts, dann die abgehobene M überziehen), 1 Umschlag, [1 tiefgestochene M, 1 M links] 2x, 1 tiefgestochene M, * [1 M links, 1 tiefgestochene M] 3x, 1 Umschlag, 3 M rechts zusammen, 1 Umschlag, [1 tiefgestochene Masche, 1 M links] 2x, 1 tiefgestochene M; ab * stets wiederholen, [1 M links, 1 tiefgestochene M] 3x, 1 Umschlag, 2 M rechts zusammen, RandM.
5. Reihe: RandM, 3 M links, [1 M rechts, 1 M links] 2x, 1 M rechts, * [1 M links, 1 M rechts] 2x, 5 M links, [1 M rechts, 1 M links] 2x, 1 M rechts; ab * stets wiederholen, [1 M links, 1 M rechts] 2x, 3 M links, RandM.
6. Reihe: RandM, 2 M rechts, 1 Umschlag, 2 M links zusammen, 1 tiefgestochene M, 1 M links, 1 tiefgestochene M, * [1 M links, 1 tiefgestochene M] 2x, 2 M links zusammen, 1 Umschlag, 3 M rechts, 1 Umschlag, 2 M links zusammen, 1 tiefgestochene Masche, 1 M links, 1 tiefgestochene M; ab * stets wiederholen, [1 M links, 1 tiefgestochene M] 2x, 2 M links zusammen, 1 Umschlag, 2 M rechts, RandM.
7. Reihe: RandM, 3 M links, [1 M rechts, 1 M links] 2x, 1 M rechts, * [1 M links, 1 M rechts] 2x, 5 M links, [1 M rechts, 1 M links] 2x, 1 M rechts; ab * stets wiederholen, [1 M links, 1 M rechts] 2x, 3 M links, RandM.
8. Reihe: RandM, 3 M rechts, 1 Umschlag, 2 M rechts zusammen, 1 M links, 1 tiefgestochene M, * 1 M links, 1 tiefgestochene M, 1 M links, 2 M rechts überzogen zusammen, 1 Umschlag, 5 M rechts, 1 Umschlag, 2 M rechts zusammen, 1 M links, 1 tiefgestochene M; ab * stets wiederholen, 1 M links, 1 tiefgestochene M, 1 M links, 2 M rechts überzogen zusammen, 1 Umschlag, 3 M rechts, RandM.
9. Reihe: RandM, 5 M links, 1 M rechts, 1 M links, 1 M rechts, * 1 M links, 1 M rechts, 9 M links, 1 M rechts, 1 M links, 1 M rechts; ab * stets wiederholen, 1 M links, 1 M rechts, 5 M links, RandM.
10. Reihe: RandM, 4 M rechts, 1 Umschlag, 2 M links zusammen, 1 tiefgestochene M, * 1 M links, 1 tiefgestochene M, 2 M links zusammen, 1 Umschlag, 7 M rechts, 1 Umschlag, 2 M links zusammen, 1 tiefgestochene M; ab * stets wiederholen, 1 M links, 1 tiefgestochene M, 2 M links zusammen, 1 Umschlag, 4 M rechts, RandM.
11. Reihe: RandM, 5 M links, 1 M rechts, 1 M links, 1 M rechts, * 1 M links, 1 M rechts, 9 M links, 1 M rechts, 1 M links, 1 M rechts; ab * stets wiederholen, 1 M links, 1 M rechts, 5 M links, RandM.

12. Reihe: RandM, 5 M rechts, 1 Umschlag, 2 M rechts zusammen, * 1 M links, 2 M rechts überzogen zusammen, 1 Umschlag, 9 M rechts, 1 Umschlag, 2 M rechts zusammen; ab * stets wiederholen, 1 M links, 2 M re überzogen zusammen, 1 Umschlag, 5 M rechts, RandM.
13. Reihe: RandM, 7 M links, 1 M rechts, * 13 M links, 1 M rechts; ab * stets wiederholen, 7 M links, RandM.
14. Reihe: RandM, 6 M rechts, 1 Umschlag, * 3 M rechts zusammen, 1 Umschlag, 11 M rechts, 1 Umschlag; ab * stets wiederholen, 3 M rechts zusammen, 1 Umschlag, 6 M rechts, RandM.
15. Reihe: RandM, alle M links, RandM.
16. Reihe: RandM, 1 M rechts, 1 Umschlag, 5 M rechts, * 3 M mit aufliegender Mittel-M rechts zusammen, (= 2 M gemeinsam wie zum Rechtsstricken abheben, 1 M rechts, dann beide abgehobenen M gemeinsam überziehen), 5 M rechts, 1 Umschlag, 1 M rechts, 1 Umschlag, 5 M rechts; ab * stets wiederholen, 3 M mit aufliegender Mittel-M rechts zusammen, 5 M rechts, 1 Umschlag, 1 M rechts, RandM.
17. Reihe: RandM, alle M links, RandM.
18. Reihe: RandM, 1 tiefgestochene M, 1 M links, 1 Umschlag, 4 M rechts, * 3 M mit aufliegender Mittel-M rechts zusammen, 4 M rechts, 1 Umschlag, 1 M links, 1 tiefgestochene M, 1 M links, 1 Umschlag, 4 M rechts; ab * stets wiederholen, 3 M mit aufliegender Mittel-M rechts zusammen, 4 M rechts, 1 Umschlag, 1 M links, 1 tiefgestochene M, RandM.
19. Reihe: RandM, 1 M links, 1 M rechts, 6 M links, * 5 M links, 1 M rechts, 1 M links, 1 M rechts, 6 M links; ab * stets wiederholen, 5 M links, 1 M rechts, 1 M links, RandM.
20. Reihe: RandM, 1 tiefgestochene M, 1 M links, 1 M rechts, 1 Umschlag, 3 M rechts, * 3 M mit aufliegender Mittel-M rechts zusammen, 3 M rechts, 1 Umschlag, 1 M rechts, 1 M links, 1 tiefgestochene M, 1 M links, 1 M rechts, 1 Umschlag, 3 M rechts; ab * stets wiederholen, 3 M mit aufliegender Mittel-M rechts zusammen, 3 M rechts, 1 Umschlag, 1 M rechts, 1 M links, 1 tiefgestochene M, RandM.
21. Reihe: RandM, 1 M links, 1 M rechts, 6 M links, * 5 M links, 1 M rechts, 1 M links, 1 M rechts, 6 M links; ab * stets wiederholen, 5 M links, 1 M rechts, 1 M links, RandM.
22. Reihe: RandM, [1 tiefgestochene M, 1 M links] 2x, 1 Umschlag, 2 M rechts, * 3 M mit aufliegender Mittel-M rechts zusammen, 2 M rechts, 1 Umschlag, [1 M links, 1 tiefgestochene M] 3x, 1 M links, 1 Umschlag, 2 M rechts; ab * stets wiederholen, 3 M mit aufliegender Mittel-M rechts zusammen, 2 M rechts, 1 Umschlag, [1 M links, 1 tiefgestochene M] 2x, RandM.
23. Reihe: RandM, [1 M links, 1 M rechts] 2x, 4 M links, * 3 M links, [1 M rechts, 1 M links] 3x, 1 M rechts, 4 M links; ab * stets wiederholen, 3 M links, [1 M rechts, 1 M links] 2x, RandM.
24. Reihe: RandM, [1 tiefgestochene M, 1 M links] 2x, 1 M rechts, 1 Umschlag, 1 M rechts, * 3 M mit aufliegender Mittel-M rechts zusammen, 1 M rechts, 1 Umschlag, 1 M rechts, [1 M links, 1 tiefgestochene M] 3x, 1 M links, 1 M rechts, 1 Umschlag, 1 M rechts; ab * stets wiederholen, 3 M mit aufliegender Mittel-M rechts zusammen, 1 M rechts, 1 Umschlag, 1 M rechts, [1 M links, 1 tiefgestochene M] 2x, RandM.
25. Reihe: RandM, [1 M links, 1 M rechts] 2x, 4 M links, * 3 M links, [1 M rechts, 1 M links] 3x, 1 M rechts, 4 M links; ab * stets wiederholen, 3 M links, [1 M rechts, 1 M links] 2x, RandM.
26. Reihe: RandM, [1 tiefgestochene M, 1 M links] 3x, 1 Umschlag, * 3 M mit aufliegender Mittel-M rechts zusammen, 1 Umschlag, [1 M links, 1 tiefgestochene M] 5x, 1 M links, 1 Umschlag; ab * stets wiederholen, 3 M mit aufliegender Mittel-M rechts zusammen, 1 Umschlag, [1 M links, 1 tiefgestochene M] 3x, RandM.
27. Reihe: RandM, [1 M links, 1 M rechts] 3x, 2 M links, * 1 M links, [1 M rechts, 1 M links] 5x, 1 M rechts, 2 M links; ab * stets wiederholen, 1 M links, [1 M rechts, 1 M links] 3x, RandM.
28. Reihe: RandM, [1 tiefgestochene M, 1 M links] 3x, 1 M rechts, * 1 M links, 1 M rechts, [1 M links, 1 tiefgestochene M] 5x, 1 M links, 1 M rechts; ab * stets wiederholen, 1 M links, 1 M rechts, [1 M links, 1 tiefgestochene M] 3x, RandM.
29. Reihe: RandM, * 1 M links, 1 M rechts; ab * stets wiederholen, 1 M links, RandM.

1x die 1. - 29. Reihe arbeiten, dabei mit einer Rückreihe beginnen und enden. Dann die 2. - 29. Reihe stets wiederholen.

STRICKEN NACH STRICKSCHRIFT

In der Strickschrift sind alle Hin- und Rückreihen des Höhenrapportes notiert. Die Maschen sind so bezeichnet, wie sie gestrickt werden.

In den Hinreihen mit der RandM und den 7 M vor dem rechten Pfeil beginnen, den Rapport von 14 M zwischen den Pfeilen stets wiederholen und mit den 8 M und der RandM nach dem linken Pfeil enden.
In den Rückreihen die Strickschrift entsprechend von links nach rechts lesen.

1x die 1. - 29. Reihe arbeiten, dabei mit einer Rückreihe beginnen und enden. Dann die 2. - 29. Reihe stets wiederholen.

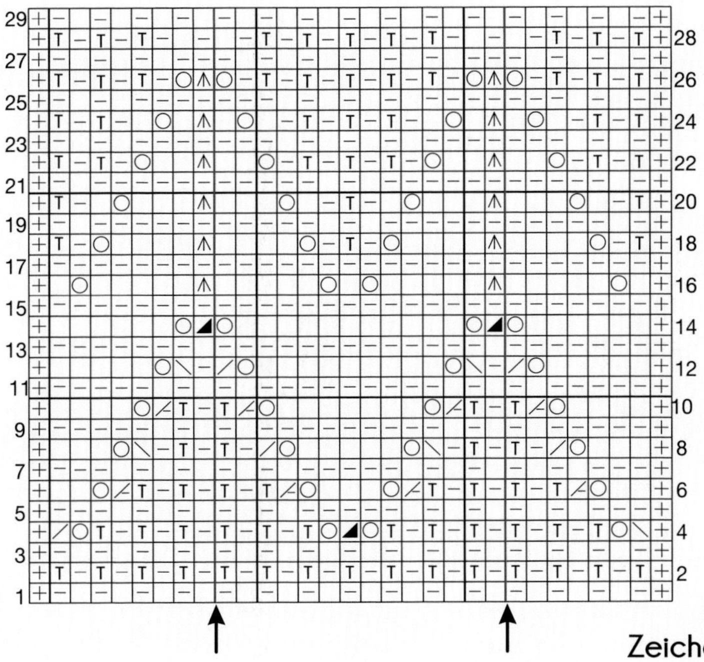

Zeichenerklärung:

⊞ = Randmasche (= die 1. Masche jeder Reihe abheben (Faden hinten), die letzte Masche jeder Reihe rechts stricken)

☐ = 1 Masche rechts

⊟ = 1 Masche links

◯ = 1 Umschlag

T = 1 tiefgestochene Masche (in die Masche 1 Reihe tiefer einstechen und rechts stricken, dabei löst sich die Masche der zuletzt gestrickten Reihe auf)

/ = 2 Maschen rechts zusammenstricken

\ = 2 Maschen rechts überzogen zusammenstricken (= 1 Masche wie zum Rechtsstricken abheben, 1 M rechts, dann die abgehobene M überziehen)

∠ = 2 Maschen links zusammenstricken

◢ = 3 Maschen rechts zusammenstricken

⋀ = 3 Maschen mit aufliegender Mittel-M rechts zusammenstricken (= 2 M gemeinsam wie zum Rechtsstricken abheben, 1 M rechts, dann die beiden abgehobenen M zusammen überziehen)

Wellenajour mit tiefgestochenen Maschen

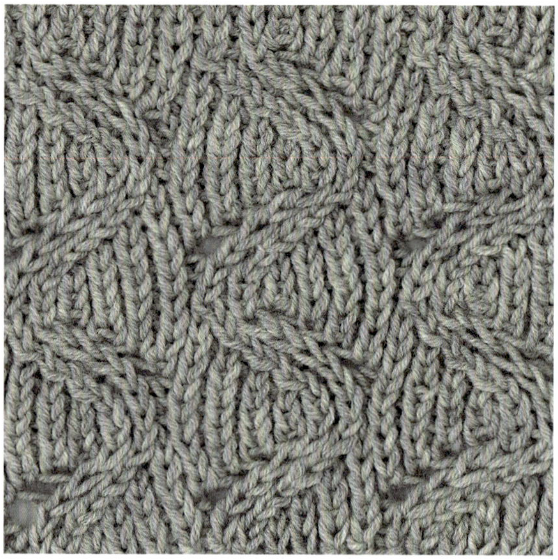

Schwierigkeitsgrad mittel
Kategorie Ajourmuster

Maschenzahl teilbar durch 12 + 1 + 2 Randmaschen.

Randmaschen:
Die 1. M jeder R abheben (Faden hinten), die letzte M rechts stricken.

STRICKEN NACH MUSTERBESCHREIBUNG

1. Reihe (Rückreihe): RandM, 1 M rechts, * 1 M links, 1 M rechts; ab * stets wiederholen, RandM.
2. Reihe (Hinreihe): RandM, * 1 M links, 1 tiefgestochene Masche (in die Masche 1 Reihe tiefer einstechen und rechts stricken, dabei löst sich die Masche der zuletzt gestrickten Reihe auf); ab * stets wiederholen, 1 M links, RandM.
3. und 4. Reihe: Wie die 1. und 2. R arbeiten.
5. Reihe: RandM, 1 M rechts, * 1 Umschlag, 1 M links, 1 M rechts, 2 M links zusammen, [1 M links, 1 M rechts] 4x; ab * stets wiederholen, RandM.
6. Reihe: RandM, * [1 M links, 1 tiefgestochene M] 3x, 1 M links, 2 M rechts zusammen, 1 M links, 1 tiefgestochene M, 1 Umschlag, 1 M rechts; ab * stets wiederholen, 1 M links, RandM.
7. Reihe: RandM, 1 M rechts, * 1 M links, 1 M rechts, 1 Umschlag, 1 M links, 1 M rechts, 2 M links zusammen, [1 M links, 1 M rechts] 3x; ab * stets wiederholen, RandM.
8. Reihe: RandM, * [1 M links, 1 tiefgestochene M] 2x, 1 M links, 2 M rechts zusammen, 1 M links, 1 tiefgestochene M, 1 Umschlag, 1 M rechts, 1 M links, 1 tiefgestochene M; ab * stets wiederholen, 1 M links, RandM.
9. Reihe: RandM, 1 M rechts, * [1 M links, 1 M rechts] 2x, 1 Umschlag, 1 M links, 1 M rechts, 2 M links zusammen, [1 M links, 1 M rechts] 2x; ab * stets wiederholen, RandM.
10. Reihe: RandM, * 1 M links, 1 tiefgestochene M, 1 M links, 2 M rechts zusammen, 1 M links, 1 tiefgestochene M, 1 Umschlag, 1 M rechts, [1 M links, 1 tiefgestochene M] 2x; ab * stets wiederholen, 1 M links, RandM.
11. Reihe: RandM, 1 M rechts, * [1 M links, 1 M rechts] 3x, 1 Umschlag, 1 M links, 1 M rechts, 2 M links zusammen, 1 M links, 1 M rechts; ab * stets wiederholen, RandM.
12. Reihe: RandM, * 1 M links, 2 M rechts zusammen, 1 M links, 1 tiefgestochene M, 1 Umschlag, 1 M rechts, [1 M links, 1 tiefgestochene M] 3x; ab * stets wiederholen, 1 M links, RandM.
13. – 16. Reihe: Die 1. – 2. Reihe noch 2x wiederholen.
17. Reihe: RandM, 1 M rechts, * [1 M links, 1 M rechts] 3x, 1 M links, 2 M links verschränkt zusammen (= 2 M nacheinander wie zum Rechtsstricken abheben, wieder auf die linke Nadel legen und dann beide M links verschränkt zusammen), 1 M rechts, 1 M links, 1 Umschlag, 1 M rechts; ab * stets wiederholen, RandM.
18. Reihe: RandM, * 1 M links, 1 M rechts, 1 Umschlag, 1 tiefgestochene M, 1 M links, 2 M rechts überzogen zusammen (= 1 Masche wie zum Rechtsstricken abheben, 1 Masche rechts stricken, dann die abgehobene Masche überziehen), [1 M links, 1 tiefgestochene M] 3x; ab * stets wiederholen, 1 M links, RandM.
19. Reihe: RandM, 1 M rechts, * [1 M links, 1 M rechts] 2x, 1 M links, 2 M links verschränkt zusammen, 1 M rechts, 1 M links, 1 Umschlag, 1 M rechts, 1 M links, 1 M rechts; ab * stets wiederholen, RandM.
20. Reihe: RandM, * 1 M links, 1 tiefgestochene M, 1 M links, 1 M rechts, 1 Umschlag, 1 tiefgestochene M, 1 M links, 2 M rechts überzogen zusammen, [1 M links, 1 tiefgestochene M] 2x;

ab * stets wiederholen, 1 M links, RandM.
21. Reihe: RandM, 1 M rechts, * 1 M links, 1 M rechts, 1 M links, 2 M links verschränkt zusammen, 1 M rechts, 1 M links, 1 Umschlag, [1 M rechts, 1 M links] 2x, 1 M rechts; ab * stets wiederholen, RandM.
22. Reihe: RandM, * [1 M links, 1 tiefgestochene M] 2x, 1 M links, 1 M rechts, 1 Umschlag, 1 tiefgestochene M, 1 M links, 2 M rechts überzogen zusammen, 1 M links, 1 tiefgestochene M; ab * stets wiederholen, 1 M links, RandM.
23. Reihe: RandM, 1 M rechts, * 1 M links, 2 M links verschränkt zusammen, 1 M rechts, 1 M links, 1 Umschlag, [1 M rechts, 1 M links] 3x, 1 M rechts; ab * stets wiederholen, RandM.
24. Reihe: RandM, * [1 M links, 1 tiefgestochene M] 3x, 1 M links, 1 M rechts, 1 Umschlag, 1 tiefgestochene M, 1 M links, 2 M rechts überzogen zusammen; ab * stets wiederholen, 1 M links, RandM.

Die 1. - 24. Reihe stets wiederholen, dabei mit 1 Rückreihe beginnen.

STRICKEN NACH STRICKSCHRIFT

In der Strickschrift sind alle Hin- und Rückreihen des Höhenrapportes notiert. Die Maschen sind so bezeichnet, wie sie gestrickt werden.

In den Hinreihen mit der RandM vor dem rechten Pfeil beginnen, den Rapport von 12 M zwischen den Pfeilen stets wiederholen und mit der M und der RandM nach dem linken Pfeil enden.
In den Rückreihen die Strickschrift entsprechend von links nach rechts lesen.

Die 1. - 24. Reihe stets wiederholen, dabei mit einer Rückreihe beginnen.

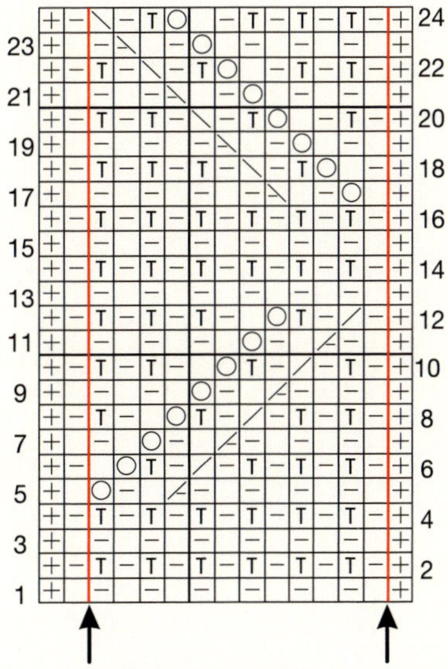

Zeichenerklärung:

+ = Randmasche (= die 1. Masche jeder Reihe abheben (Faden hinten), die letzte Masche jeder Reihe rechts stricken)
□ = 1 Masche rechts
– = 1 Masche links
○ = 1 Umschlag
T = 1 tiefgestochene Masche (in die Masche 1 Reihe tiefer einstechen und diese rechts stricken; dabei löst sich die Masche der zuletzt gestrickten Reihe auf)
/ = 2 Maschen rechts zusammenstricken
\ = 2 Maschen rechts überzogen zusammenstricken (= 1 Masche wie zum Rechtsstricken abheben, 1 Masche rechts stricken, dann die abgehobene Masche überziehen)
∠ = 2 Maschen links zusammenstricken
⦩ = 2 Maschen links verschränkt zusammenstricken

Kleiner Zopf im Vollpatent

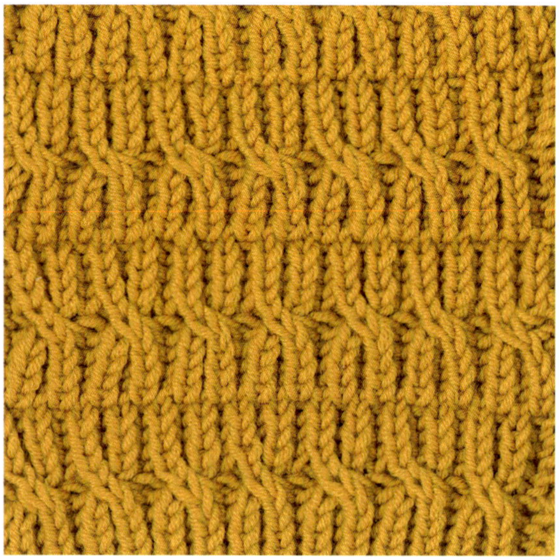

Schwierigkeitsgrad mittel
Kategorie Zopfmuster

Maschenzahl teilbar durch 4 + 2 + 2 Randmaschen.

Randmaschen:

Die 1. M jeder R abheben (Faden hinten), die letzte M rechts stricken.

Kleiner Zopf (über 3 Maschen):

1 M mit ihrem Umschlag auf eine Hilfsnadel vor die Arbeit legen, 1 M auf eine zweite Hilfsnadel hinter die Arbeit legen, 1 M mit dem Umschlag rechts zusammen, dann die M der zweiten Hilfsnadel mit Umschlag abheben und die M der ersten Hilfsnadel mit dem Umschlag rechts zusammen.

STRICKEN NACH MUSTERBESCHREIBUNG

1. Reihe (Hinreihe): RandM, 1 M rechts, * 1 M mit Umschlag abheben, 1 M rechts; ab * stets wiederholen, 1 Masche rechts, RandM.
2. Reihe (Rückreihe): RandM, 1 M rechts, * 1 M mit Umschlag abheben, 1 M mit dem Umschlag rechts zusammen; ab * stets wiederholen, 1 M rechts, RandM.
3. Reihe: (Hinreihe): RandM, 1 M rechts, * 1 M mit Umschlag abheben, 1 M mit dem Umschlag rechts zusammen; ab * stets wiederholen, 1 M rechts, RandM.
4. - 12. Reihe: Die 2. - 3. Reihe noch 4x arbeiten, dann die 2. Reihe noch 1x wiederholen.
13. Reihe (Hinreihe): RandM, 1 M rechts, * 1 M mit Umschlag abheben, 1 kleiner Zopf; ab * stets wiederholen, 1 M rechts, RandM.
14. - 19. Reihe: Die 2. - 3. Reihe 3x arbeiten.
20. Reihe: RandM, 1 M rechts, * 1 M links, 1 M mit dem Umschlag rechts zusammen; ab * stets wiederholen, 1 M rechts, RandM.
21. Reihe: RandM, 1 M rechts, * 1 M rechts, 1 M mit Umschlag abheben; ab * stets wiederholen, 1 M rechts, RandM.
22. Reihe: RandM, 1 M rechts, * 1 M mit dem Umschlag rechts zusammen, 1 M mit Umschlag abheben; ab * stets wiederholen, 1 M rechts, RandM.
23. Reihe: RandM, 1 M rechts, * 1 M mit dem Umschlag rechts zusammen, 1 M mit Umschlag abheben; ab * stets wiederholen, 1 M rechts, RandM.
24. - 32. Reihe: Die 22. - 23. Reihe noch 4x arbeiten, dann die 22. Reihe noch 1x wiederholen.
33. Reihe: RandM, 1 M rechts, * 1 kleiner Zopf, 1 M mit Umschlag abheben; ab * stets wiederholen, 1 M rechts, RandM.
34. - 39. Reihe: Die 22. - 23. Reihe 3x arbeiten.
40. Reihe: RandM, 1 M rechts, * 1 M mit dem Umschlag rechts zusammen, 1 M links; ab * stets wiederholen, 1 M rechts, RandM.

Die 1. - 40. Reihe stets wiederholen.

STRICKEN NACH STRICKSCHRIFT

In der Strickschrift sind alle Hin- und Rückreihen des Höhenrapportes notiert. Die Maschen sind so bezeichnet, wie sie gestrickt werden.

In den Hinreihen mit der RandM und den 4 M vor dem rechten Pfeil beginnen, den Rapport von 4 M zwischen den Pfeilen stets wiederholen und mit den 2 M und der RandM nach dem linken Pfeil enden.
In den Rückreihen die Strickschrift entsprechend von links nach rechts lesen.

Die 1. - 40. Reihe stets wiederholen.

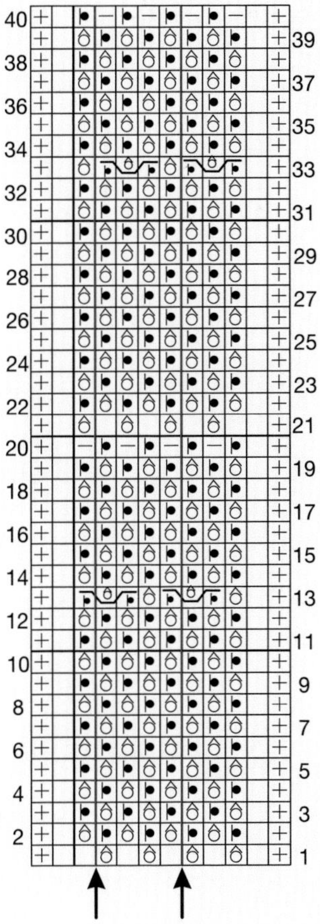

Zeichenerklärung:

= Randmasche (= die 1. Masche jeder Reihe abheben (Faden hinten), die letzte Masche jeder Reihe rechts stricken)

= 1 Masche rechts

= 1 Masche links

= 1 Masche mit Umschlag abheben

= 1 Masche mit dem Umschlag rechts zusammenstricken

= 1 kleiner Zopf (1 Masche mit ihrem Umschlag auf eine Hilfsnadel vor die Arbeit legen, 1 Masche auf eine zweite Hilfsnadel hinter die Arbeit legen, 1 Masche mit dem Umschlag rechts zusammen, dann die Masche der zweiten Hilfsnadel mit Umschlag abheben und die Masche der ersten Hilfsnadel mit dem Umschlag rechts zusammen)

Zopf-Vollpatent

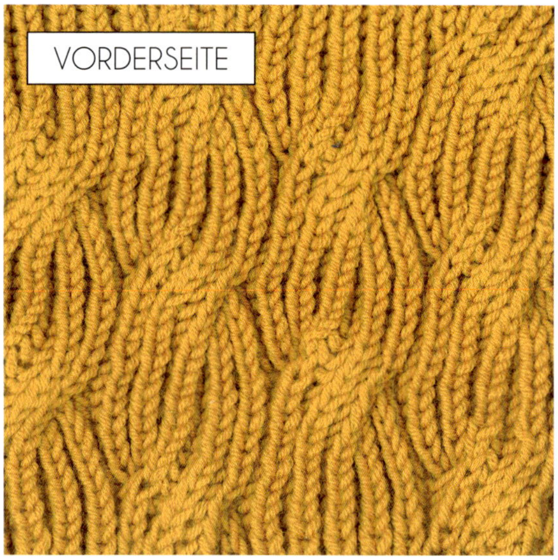

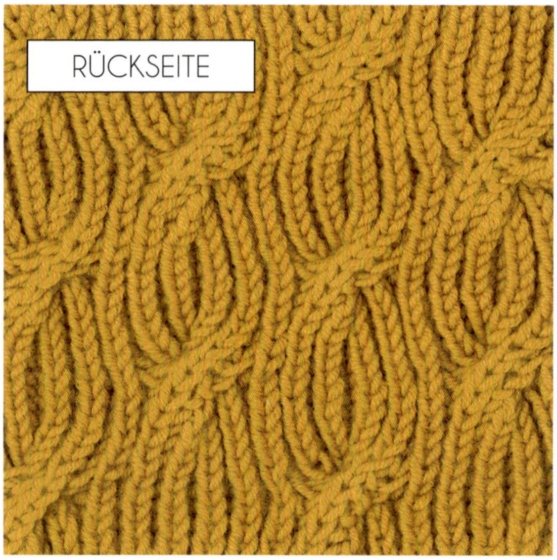

Schwierigkeitsgrad mittel
Kategorie Zopfmuster

Maschenzahl teilbar durch 20 + 1 + 2 Randmaschen.

Patentzopf (über 9 Maschen):
3 M auf eine Hilfsnadel hinter die Arbeit legen, 1 M auf eine 2. Hilfsnadel hinter die Arbeit legen, 5 M mustergemäß stricken (= 1 M mit dem Umschlag rechts zusammen und 1 M mit Umschlag abheben im Wechsel), dann die M der 2. Hilfsnadel mit Umschlag abheben und danach die 3 M der 1. Hilfsnadel mustergemäß stricken (= 1 M mit dem Umschlag rechts zusammen und 1 M mit Umschlag abheben im Wechsel).

Randmaschen:
Die 1. M jeder R abheben (Faden hinten), die letzte M rechts stricken.

STRICKEN NACH MUSTERBESCHREIBUNG

1. Reihe (Rückreihe): RandM, 1 M rechts, * 1 M mit Umschlag abheben, 1 M rechts; ab * stets wiederholen, RandM.
2. Reihe (Hinreihe): RandM, * 1 M mit Umschlag abheben, 1 M mit dem Umschlag rechts zusammen; ab * stets wiederholen, 1 M mit Umschlag abheben, RandM.
3. Reihe: RandM, 1 M mit dem Umschlag rechts zusammen, * 1 M mit 1 Umschlag abheben, 1 M mit dem Umschlag rechts zusammen; ab * stets wiederholen, RandM.
4. - 11. Reihe: Die 2. und 3. Reihe noch 4x wiederholen.
12. Reihe: RandM, * 1 M mit Umschlag abheben, 1 Patentzopf, [1 M mit Umschlag abheben, 1 M mit dem Umschlag rechts zusammen] 5x; ab * stets wiederholen, 1 M mit Umschlag abheben, RandM.
13. Reihe: Wie die 3. Reihe arbeiten.
14. - 25. Reihe: Die 2. und 3. Reihe noch 6x wiederholen.
26. Reihe: RandM, * [1 M mit Umschlag abheben, 1 M mit dem Umschlag rechts zusammen] 5x, 1 M mit Umschlag abheben, 1 Patentzopf); ab * stets wiederholen, 1 M mit Umschlag abheben, RandM.
27. Reihe: Wie die 3. Reihe arbeiten.
28. - 29. Reihe: Die 2. und 3. Reihe noch 1x wiederholen.

1x die 1. - 28. Reihe arbeiten, dann die 2. - 28. Reihe stets wiederholen.

STRICKEN NACH STRICKSCHRIFT

In der Strickschrift sind alle Hin- und Rückreihen des Höhenrapportes notiert. Die Maschen sind so bezeichnet, wie sie gestrickt werden.

In den Hinreihen mit der RandM vor dem rechten Pfeil beginnen, den Rapport von 20 M zwischen den Pfeilen stets wiederholen und mit der M und der RandM nach dem linken Pfeil enden.

In den Rückreihen die Strickschrift entsprechend von links nach rechts lesen.

1x die 1. – 30. Reihe arbeiten, dabei mit einer Rückreihe beginnen und enden. Dann die 2. – 30. Reihe stets wiederholen.

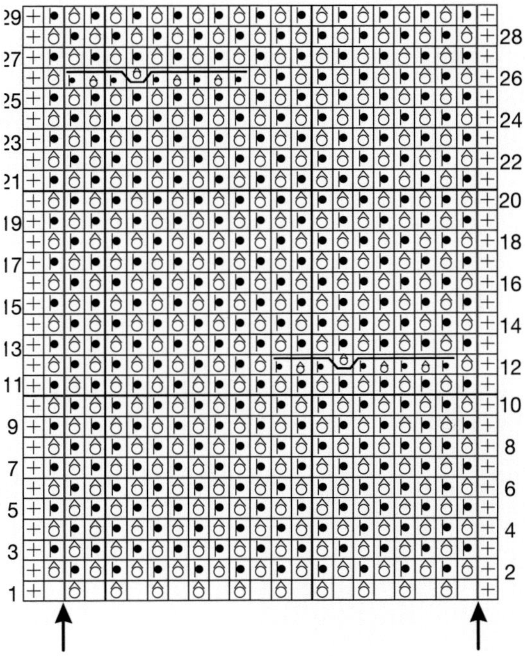

Zeichenerklärung:

⊞ = Randmasche (= die 1. Masche jeder Reihe abheben (Faden hinten), die letzte Masche jeder Reihe rechts stricken)

☐ = 1 Masche rechts

= 1 Masche mit Umschlag abheben

= 1 Masche mit dem Umschlag rechts zusammenstricken

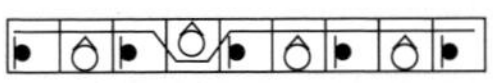 = 3 Maschen auf eine Hilfsnadel hinter die Arbeit legen, 1 Masche auf eine zweite Hilfsnadel hinter die Arbeit legen, 5 Maschen mustergemäß stricken (= 1 M mit dem Umschlag rechts zusammen und 1 M mit Umschlag abheben im Wechsel), dann die Masche der zweiten Hilfsnadel mit Umschlag abheben und danach die 3 Maschen der 1. Hilfsnadel mustergemäß stricken (= 1 M mit dem Umschlag rechts zusammen und 1 M mit Umschlag abheben im Wechsel)

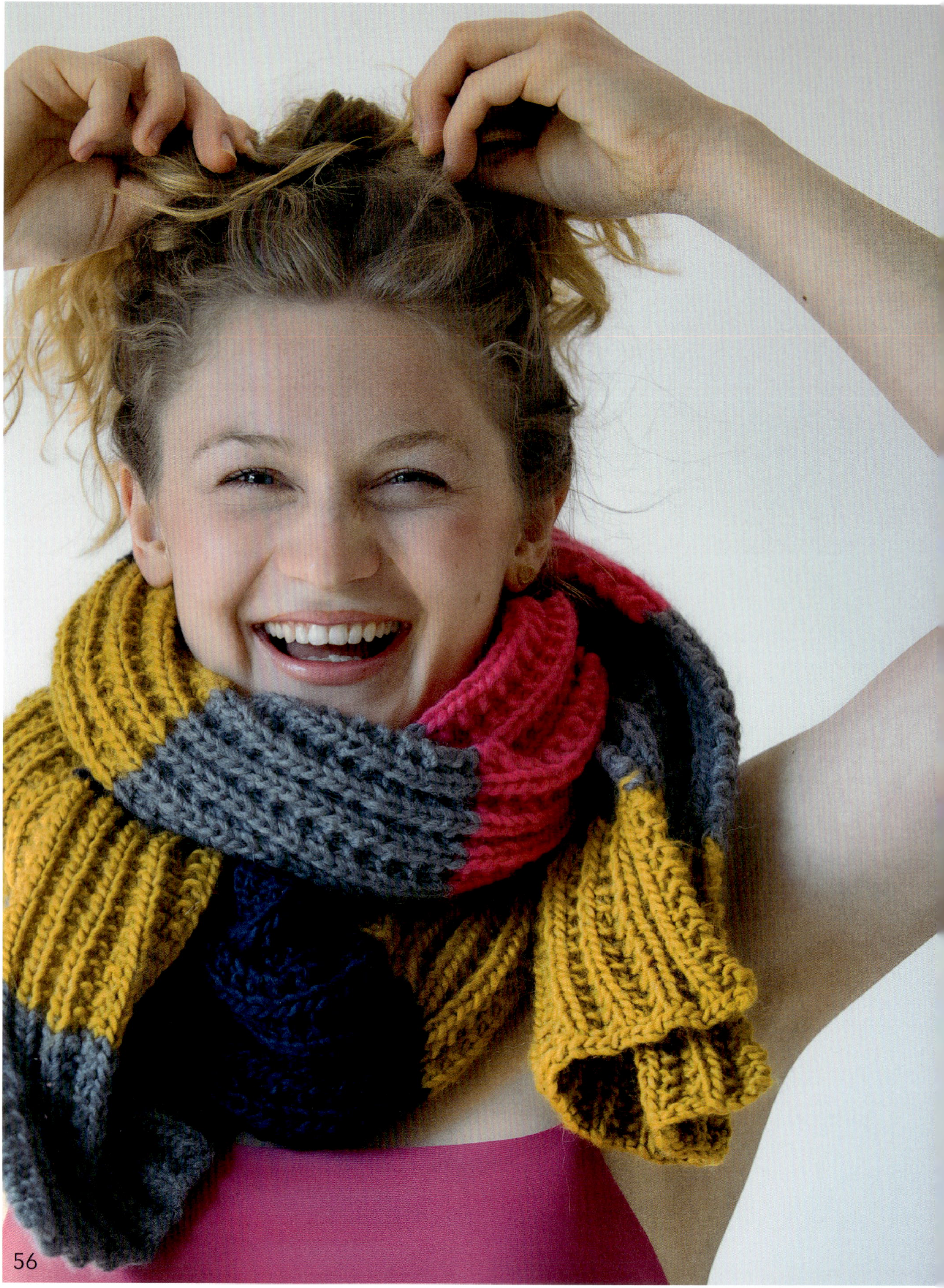

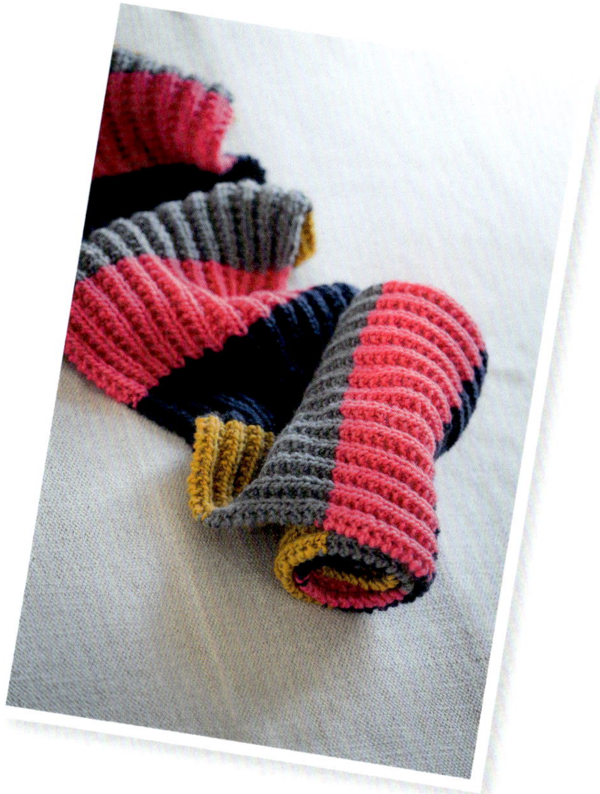

Schal

Schwierigkeitsgrad: leicht

Fröhlich bunt und schmuseweich kommt der Schal im falschen Patentmuster von Seite 12 daher. Dieser Klassiker ist nicht nur ganz leicht zu stricken, sondern passt je nach Farbkombi zu jedem Outfit und jeder Stimmung.

Größe:
26 cm x 203 cm

Material:
Junghans-Wolle Monello 90 (70 % Polyacryl, 30 % Schurwolle, LL = 90 m/ 50 g): je 100 g Grau (Fb 132-313-10), Cognac (Fb 132-310-10), Jeans (Fb 132-135-10) und Pink (Fb 132-317-10); Stricknadeln in 6 mm.

Muster:
Falsches Patent:
Maschenzahl teilbar durch 4 + 3 + 2 RandM.
1. Reihe (Rückreihe): RandM, * 1 M rechts, 1 M links, 2 M rechts; ab * stets wiederholen, 1 M rechts, 1 M links, 1 M rechts, RandM.
2. Reihe (Hinreihe): RandM, * 3 M rechts, 1 M links; ab * stets wiederholen, 3 M rechts, RandM.

Die 1. und 2. Reihe stets wiederholen.

Streifenfolge:
* 22 R Grau, 22 R Cognac, 22 R Jeans, 22 R Pink; ab * stets wiederholen.

Maschenprobe:
20,5 Maschen und 19,5 Reihen = 10 cm x 10 cm.

So wird's gemacht:

53 M in Grau anschlagen und 203 cm (= 396 Reihen) im falschen Patentmuster in der Streifenfolge stricken. Dann alle M locker abketten.

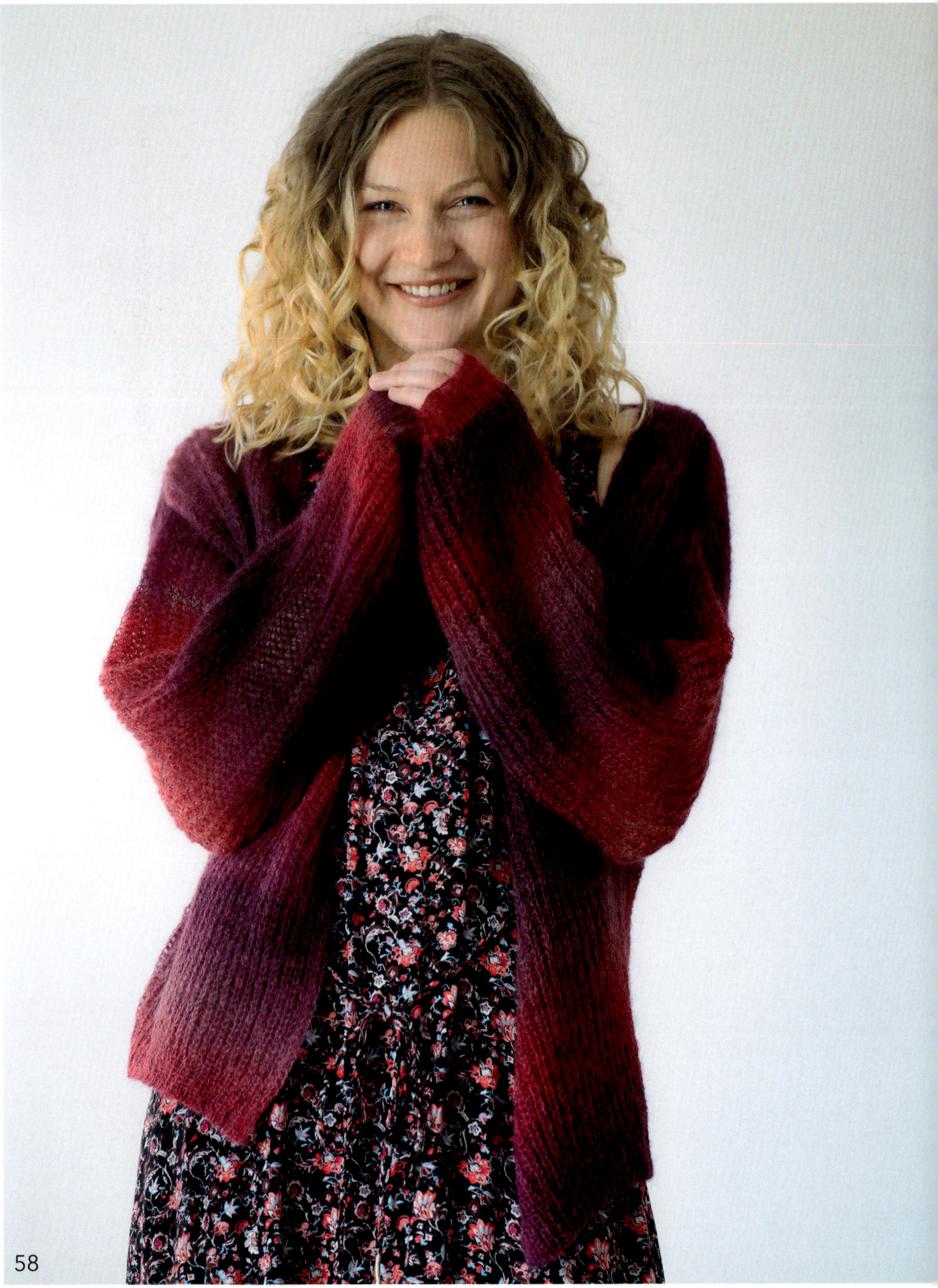

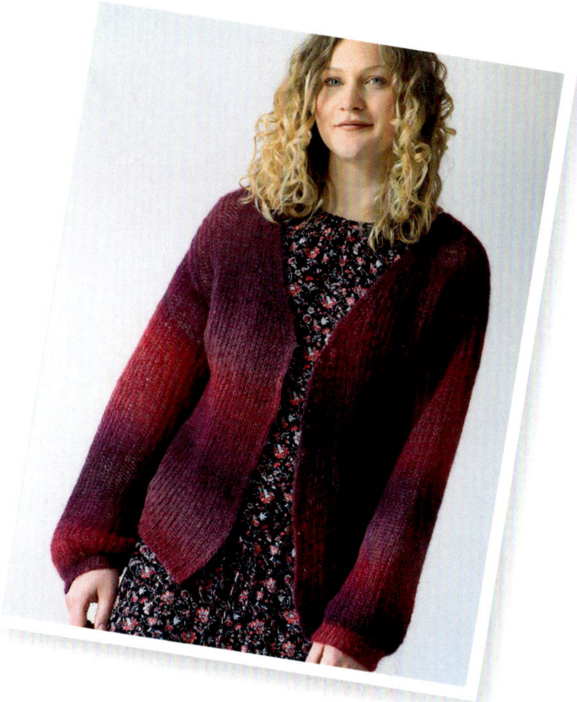

Jacke

Schwierigkeitsgrad: mittel

Aus zartem Alpaka-Seiden-Garn trägt sich die Jacke im Halbpatentmuster von Seite 14 herrlich leicht.

Größe:

36/38 (40/42 und 44/46)
Die Angaben für die größeren Größen stehen hintereinander in Klammern. Steht nur eine Angabe, so gilt diese für alle Größen.

Material:

Austermann Alpaca Silk (70 % Alpaka, 30 % Seide, LL = 210 m/ 25 g): 150 (175/200) g Beere (Fb 03); Stricknadeln der Stärke 3,5 mm und 4 mm.

Muster:

Rippenmuster:
1 Masche rechts, 1 Masche links im Wechsel stricken.

Halbpatent:
Maschenzahl teilbar durch 2 + 1 + 2 RandM.
1. Reihe (Rückreihe): RandM, * 1 M rechts, 1 M mit Umschlag abheben; ab * stets wiederholen, 1 M rechts, RandM.
2. Reihe (Hinreihe): RandM, * 1 M links, 1 M mit dem Umschlag rechts zusammen; ab * stets wiederholen, 1 M links, RandM.

Die 1. und 2. Reihe stets wiederholen.

Doppelte Randmaschen (an den Verschlussrändern):
In den Hinreihen die 1. M rechts stricken, die 2. M abheben (Faden hinter der Arbeit); am Ende der R die vorletzte M abheben (Faden hinter der Arbeit) und die letzte M rechts stricken.
In den Rückreihen die 1. Masche abheben (Faden vor der Arbeit), die 2. Masche links stricken; am Ende der R die vorletzte M links stricken und die letzte M abheben (Faden vor der Arbeit).

Betonte Abnahmen:
Am rechten Rand Doppelte Randmaschen, 5 M im Halbpatent, 3 M rechts überzogen zusammen (= 1 M wie zum Rechtsstricken abheben, 2 M rechts zusammen, dann die abgehobene M überziehen), restliche M im Muster stricken.
Linker Rand: Bis zu den letzten 10 M im Muster stricken, dann 3 M rechts zusammen, 5 M im Halbpatent, Doppelte Randmaschen.

Maschenprobe:

20 Maschen und 38 Reihen = 10 cm x 10 cm.

So wird's gemacht:

Rückenteil: 111 (119/127) M mit den dünneren Nadeln anschlagen und für den Bund 4 cm im Rippenmuster stricken, dabei in der 1. Reihe (= Rückreihe) nach der RandM mit 1 M rechts, 1 M links beginnen und gegengleich enden. Die letzte Reihe ist eine Hinreihe.
Mit den dickeren Nadeln im Halbpatent weiterarbeiten, dabei mit 1 Rückreihe beginnen. In 51 (53/55) cm Gesamthöhe für die Schulterschrägen beidseitig 1x 3 (4/4) M, dann in jeder 2. R noch 8x je 4 M (5x je 4 M und 3x je 5 M / 1x 4 M und 7x je 5 M) abketten. In 55 (57/59) cm Gesamthöhe die restlichen 41 M abketten.

Linkes Vorderteil: 57 (61/65) M mit den dünneren Nadeln anschlagen und für den Bund 4 cm im Rippenmuster stricken, dabei in der 1. Reihe (= Rückreihe) nach der RandM mit 1 M rechts, 1 M links beginnen und gegengleich enden. Die letzte Reihe ist eine Hinreihe.
Dann mit den dickeren Nadeln im Halbpatent weiterarbeiten, dabei mit 1 Rückreihe beginnen. In 35 (37/39) cm Gesamthöhe für die Ausschnittschräge am linken Rand 1x 2 M, dann in jeder 6. R noch 6x je 2 M und anschließend in jeder 8. R noch 4x je 2 M betont abnehmen. In 51 (53/55) cm Gesamthöhe für die Schulterschräge am rechten Rand 1x 3 (4/4) M und in jeder 2. R noch 8x je 4 M (5x je 4 M und 3x je 5 M/1x 4 M und 7x je 5 M) abketten.

Rechtes Vorderteil: Gegengleich arbeiten.

Ärmel: 47 (51/55) M mit den dünneren Nadeln anschlagen und für den Bund 4 cm im Rippenmuster stricken, dabei in der 1. Reihe (= Rückreihe) nach der RandM mit 1 M rechts, 1 M links beginnen und gegengleich enden. Dann mit den dickeren Nadeln im Halbpatent weiterarbeiten, dabei mit 1 Rückreihe beginnen und in der 1. R gleichmäßig verteilt 32 (36/40) M zunehmen = 79 (87/95) Maschen.
In 48 (50/52) cm Gesamthöhe alle M abketten. Den 2. Ärmel ebenso arbeiten.

Fertigstellung: Die Schulternähte schließen und die Ärmel einsetzen. Dann die Ärmel- und Seitennähte schließen.

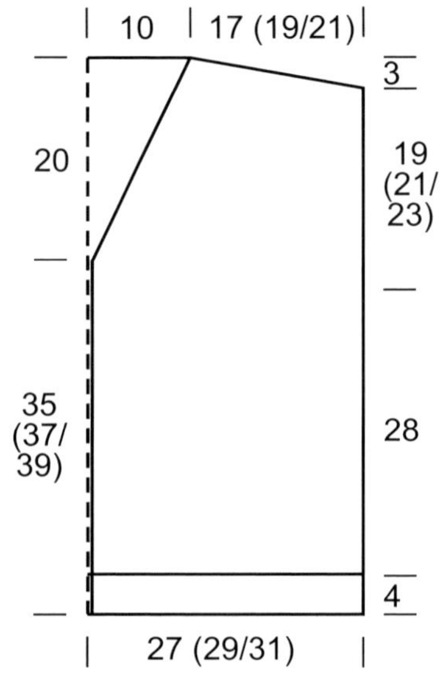

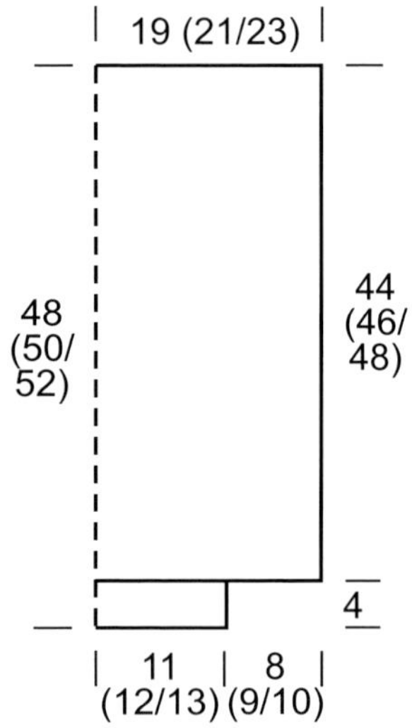

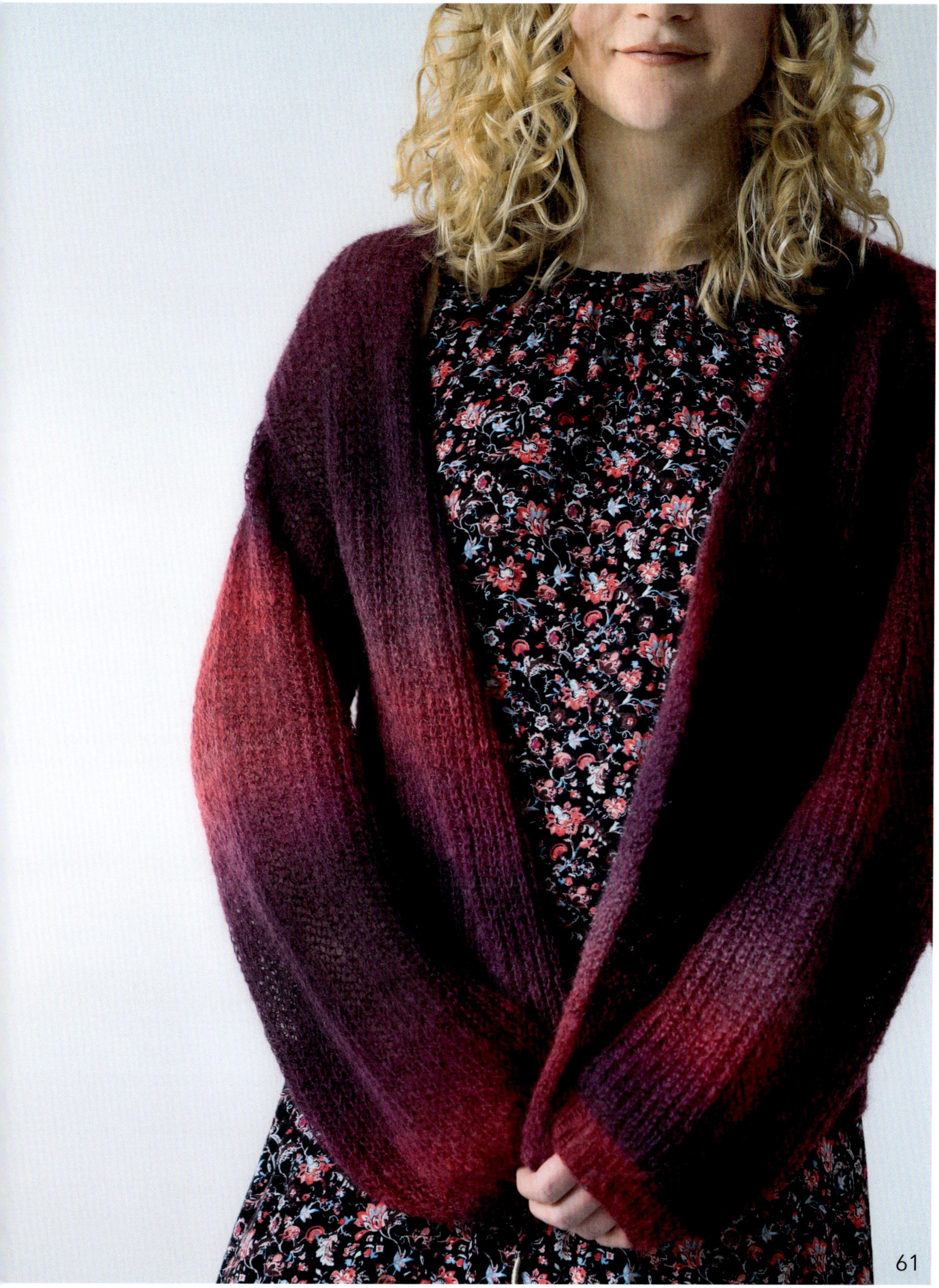

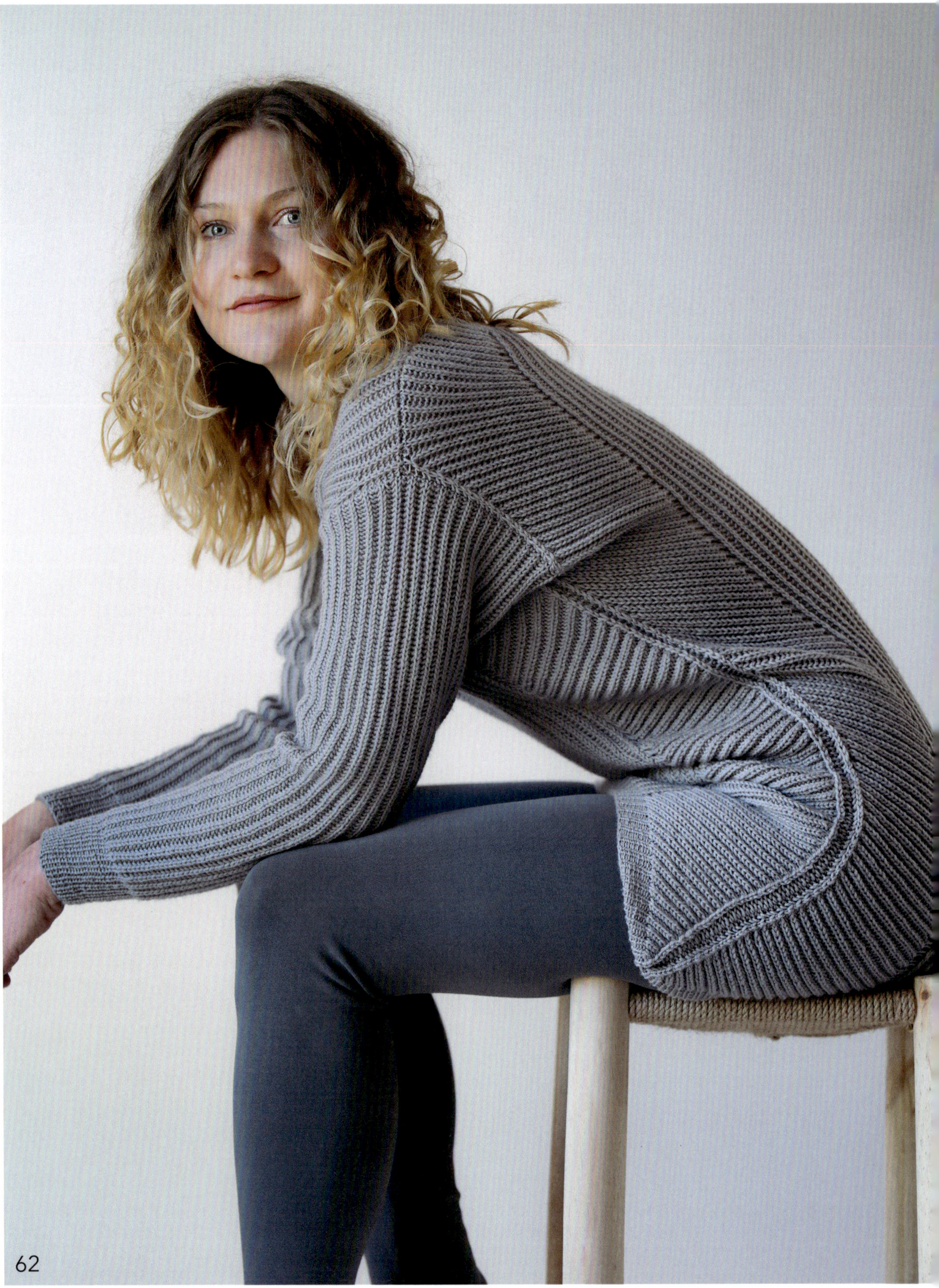

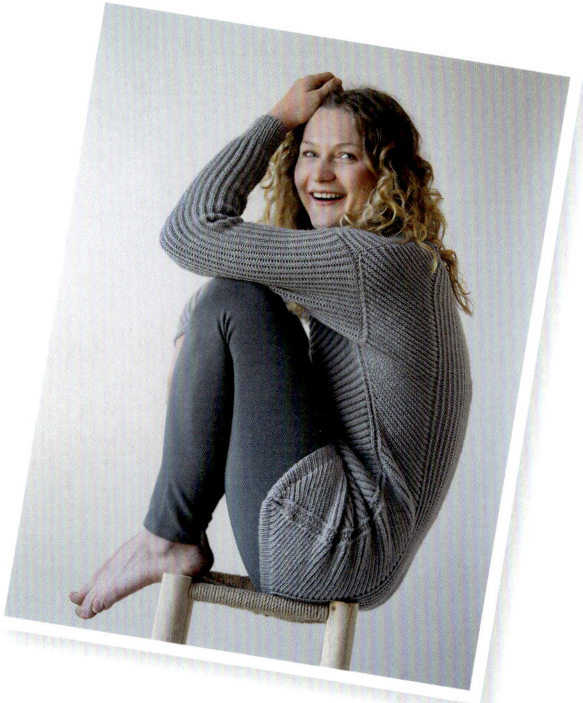

Pulli

Schwierigkeitsgrad: mittel

Den ungewöhnlichen Musterverlauf dieses Pullovers arbeitet man durch Zu- und Abnahmen innerhalb des Vollpatentmusters von Seite 16.

Größe:

36/38 (40/42 und 44/46)
Die Angaben für die größeren Größen stehen hintereinander in Klammern. Steht nur eine Angabe, so gilt diese für alle Größen.

Material:

Lana Grossa Cool Wool Cashmere (90 % Schurwolle, 10 % Kaschmir, LL = 160 m/50 g): 500 (550/600) g Steingrau (Fb 29); Stricknadeln der Stärke 3 mm und 3,5 mm.

Muster:

Rippenmuster:
1 Masche rechts, 1 Masche links im Wechsel stricken.

Patent:
Maschenzahl teilbar durch 2 + 1 + 2 Randmaschen
1. Reihe (Hinreihe): RandM abheben, * 1 M mit Umschlag abheben, 1 M rechts; ab * stets wiederholen, 1 M mit Umschlag abheben, RandM rechts.
2. Reihe (Rückreihe): RandM abheben, * 1 M mit dem Umschlag rechts zusammen, 1 M mit Umschlag abheben; ab * stets wiederholen, 1 M mit dem Umschlag rechts zusammen, RandM rechts.
3. Reihe (Hinreihe): RandM abheben, * 1 M mit Umschlag abheben, 1 M mit dem Umschlag rechts zusammen; ab * stets wiederholen, 1 M mit Umschlag abheben, RandM rechts.

1x die 1. - 3. Reihe arbeiten, dann die 2. und 3. Reihe stets wiederholen.

Randmasche:
In Hin- und Rückreihen die 1. M jeder R abheben (Faden hinter der Arbeit) und die letzte M jeder R rechts stricken.

Betonte Abnahmen (in Hinreihen):
Am rechten Rand RandM abheben, 1 M mit Umschlag abheben, 3 M rechts überzogen zusammen (= 1 M wie zum Rechtsstricken abheben, 2 M rechts zusammen, dann die abgehobene M überziehen), die restlichen Maschen im Muster stricken.
Am linken Rand bis zu den letzten 5 M im Muster stricken, dann 3 M rechts zusammen, 1 M mit Umschlag abheben, RandM rechts.

Maschenprobe:

16 Maschen und 54 Reihen = 10 cm x 10 cm.

So wird's gemacht:

Rückenteil: 103 (111/119) M mit den dünneren Nadeln anschlagen und für den Bund 3 cm im Rippenmuster stricken, dabei in der 1. Reihe = Rückreihe nach der Randmasche mit 1 Masche rechts, 1 Masche links beginnen und gegengleich enden.
Dann mit den dickeren Nadeln im Patent weiterarbeiten. Dabei die mittleren 39 M markieren. In der 5. Reihe (= Hinreihe) und in jeder folgenden 4. R an beiden Seiten betone Abnahmen arbeiten und gleichzeitig vor und nach den mittleren markierten 39 M jeweils 2 M so aus dem Querfaden herausstricken, dass sie sich ins Patentmuster einfügen.
In 67 (68,5/71) cm Gesamthöhe, mittig gemessen, die Ab- und Zunahmen nicht mehr arbeiten und für die Schulterschrägen beidseitig 1x 4 (4/5) M und in jeder 2. R noch 7x je 4 M (3x je 4 M und 4x je 5 M / 7x je 5 M) abketten.
Gleichzeitig mit Beginn der Schulterschrägen für den Halsausschnitt die mittleren 31 M abketten und beide Seiten getrennt beenden. Für die Ausschnittrundung am inneren Rand in der folgenden 2. R 1x 2 M und in der folgenden 4. R 1x 2 M betont abnehmen. Die andere Seite gegengleich beenden.

Vorderteil: Wie das Rückenteil stricken, jedoch für den V-Ausschnitt in 47 (48,5/51) cm Gesamthöhe die Arbeit nach der mittleren M teilen und beide Seiten getrennt beenden. Für die Ausschnittschräge die Zunahmen beidseitig der mittleren M nicht mehr arbeiten, dabei die Abnahmen jedoch beidseitig noch 18x in jeder 6. R und 1x in der folgenden 8. R fortsetzen. Die andere Seite gegengleich beenden, jedoch am inneren Rand 1 RandM zunehmen.

Ärmel: 45 (49/53) M mit den dünneren Nadeln anschlagen und für den Bund 6 cm im Rippenmuster stricken, dabei in der 1. Reihe (= Rückreihe) nach der Randmasche mit 1 M rechts, 1 M links beginnen und gegengleich enden. Dann mit den dickeren Nadeln im Vollpatent weiterarbeiten. Für die Ärmelschrägen beidseitig in der 17. (17./15.) R ab Bund 1x 1 M, dann 6x in jeder 16. R und 8x in jeder 14. R (4x in jeder 16. R und 11x in jeder 14. R / 15x in jeder 14. R und 2x in jeder 12. R) je 1 M zunehmen = 75 (81/89) Maschen. In 50 (52/54) cm Gesamthöhe alle M abketten. Den 2. Ärmel ebenso arbeiten.

Fertigstellung: Die Schulternähte schließen und die Ärmel einsetzen. Dann die Ärmel- und Seitennähte schließen.

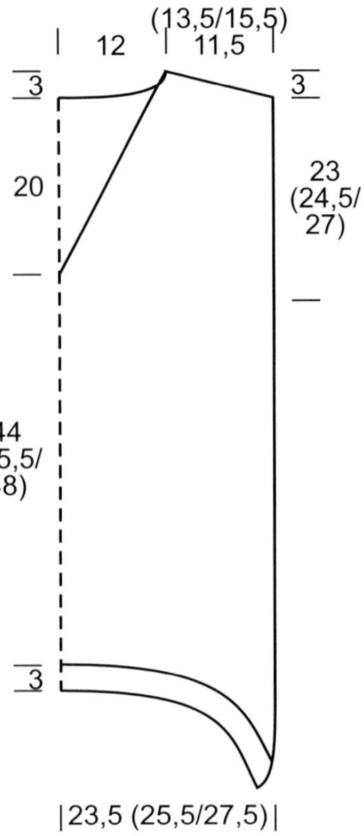

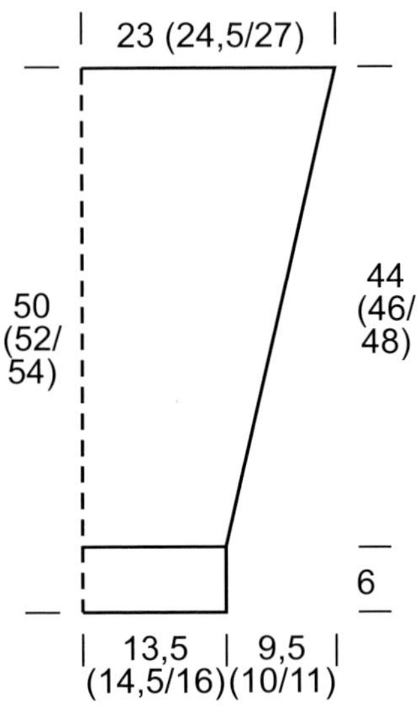

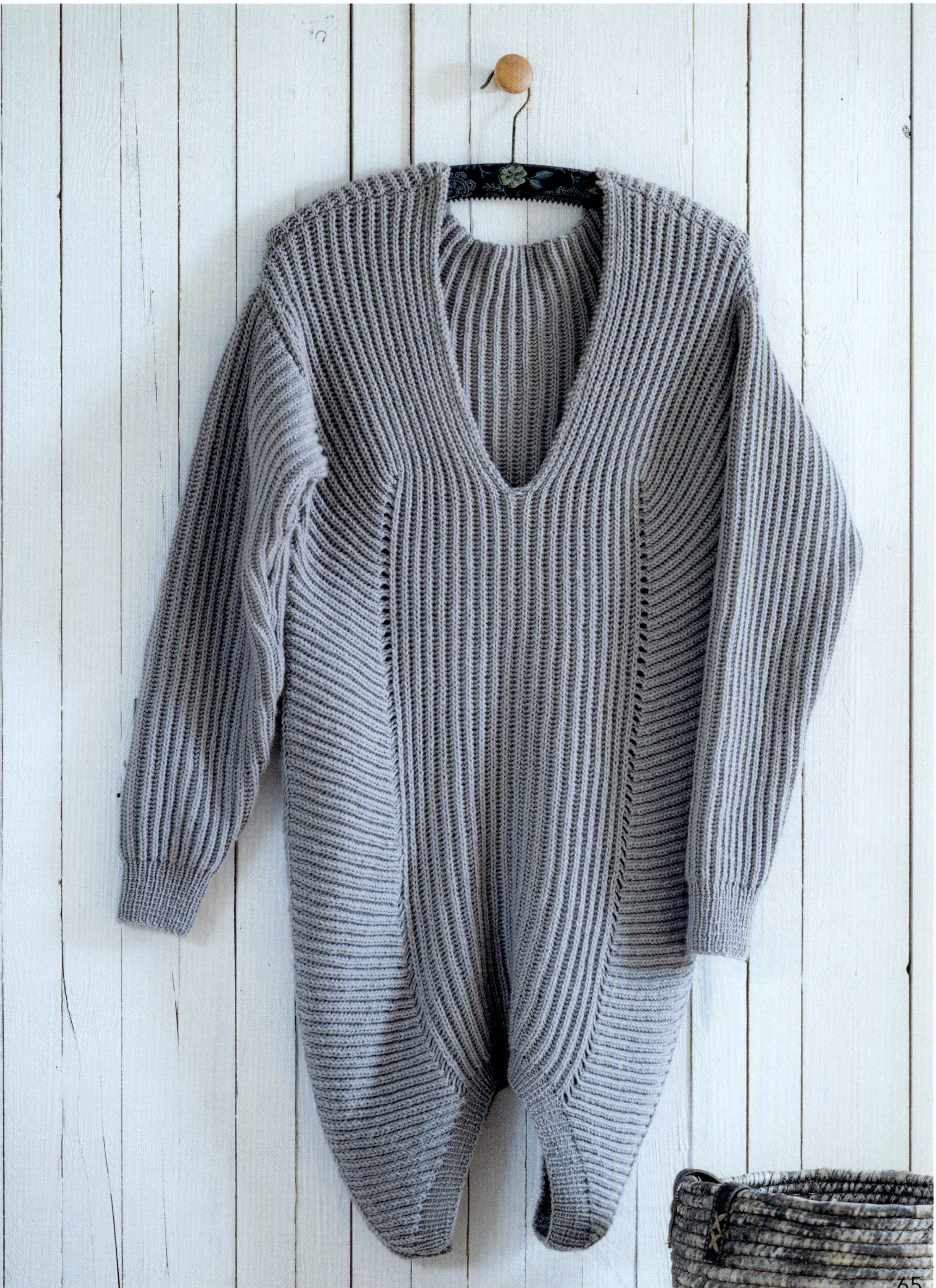

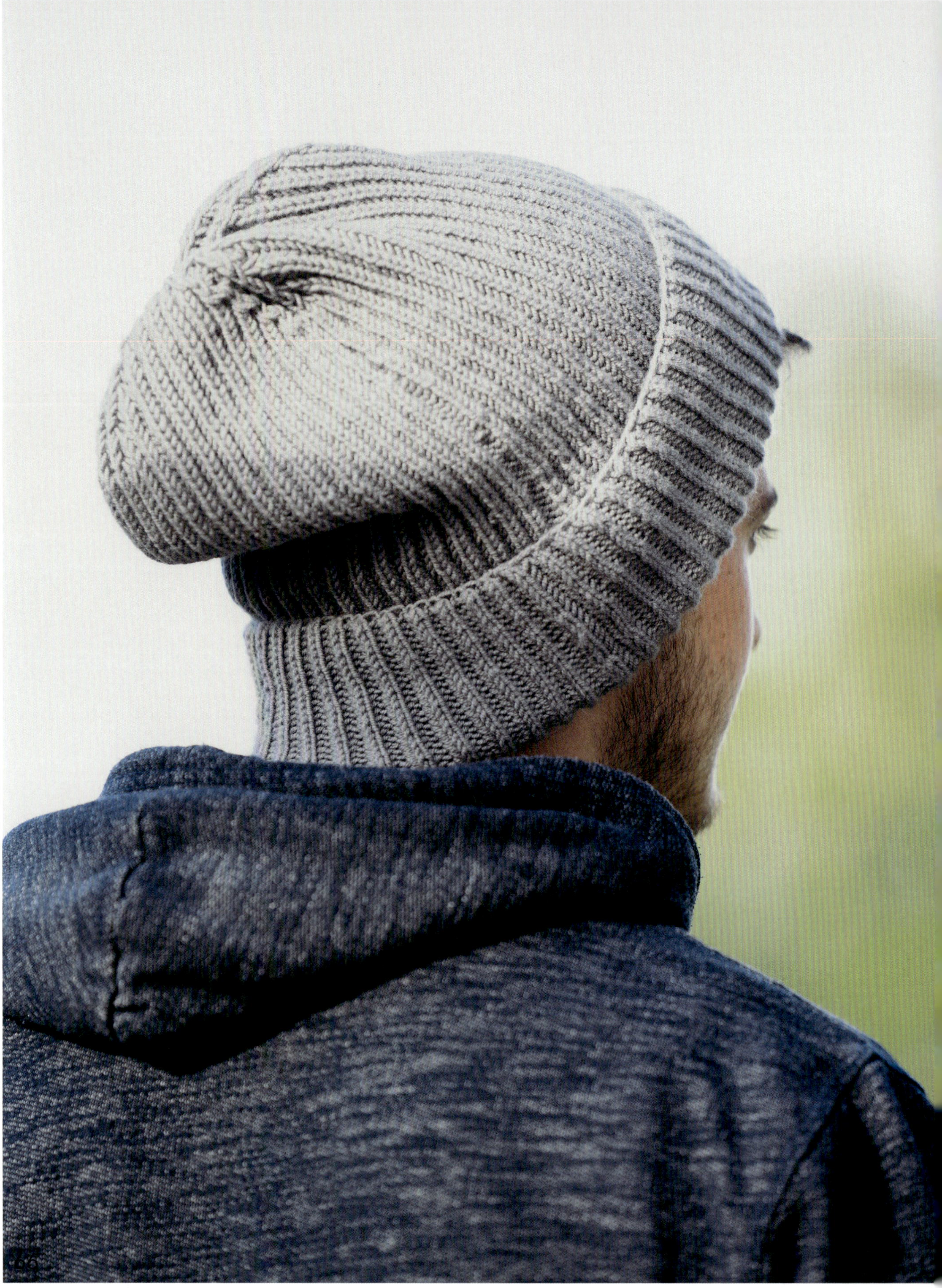

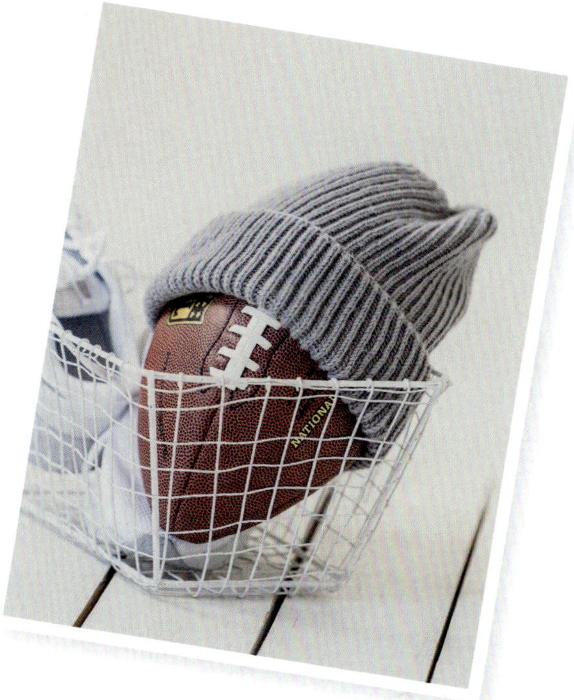

Mütze

Schwierigkeitsgrad: mittel

Eine Mütze, die wirklich jedem steht und zu allem passt. Sie lässt sich im rundgestrickten Vollpatentmuster von Seite 16 besonders weich und warm arbeiten und in jeder Lieblingsfarbe stricken.

Größe:
Größe: 53-56 (57-60) cm Kopfumfang
Die Angaben für die größeren Größen stehen hintereinander in Klammern. Steht nur eine Angabe, so gilt diese für alle Größen.

Material:
Schulana Sensitiva (100 % Schurwolle, LL = 185 m/50 g): 100 g Seidengrau (Fb 17); Nadelspiel der Stärke 3 mm.

Muster:
Vollpatent in Runden
Maschenzahl teilbar durch 2
1. Runde: * 1 M mit Umschlag abheben, 1 M links; ab * stets wiederholen.
2. Runde: * 1 Masche mit dem Umschlag rechts zusammen, 1 M mit Umschlag abheben; ab * stets wiederholen.
3. Runde: * 1 M mit Umschlag abheben, 1 M mit dem Umschlag links zusammen; ab * stets wiederholen.

1x die 1. - 3. Runde arbeiten, dann die 2. und 3. Runde stets wiederholen.

Maschenprobe:
22 Maschen und 64 Runden = 10 cm x 10 cm.

So wird's gemacht:

112 (128) M anschlagen, gleichmäßig auf 4 Nadeln verteilen = 28 (32) M pro Nadel, zur Rd schließen und im Vollpatent stricken.
Nach 27 cm = 172 Runden ab Anschlag für die Abnahmen wie folgt arbeiten, dabei beim Zusammenstricken die dazugehörigen Umschläge mitfassen: * 3 M rechts überzogen zusammenstricken (= 1 M mit dem Umschlag wie zum Rechtsstricken abheben, 2 M rechts zusammen, dann die abgehobene M überziehen), 21 (25) M Vollpatent, 3 M rechts zusammenstricken, 1 M Vollpatent; ab * insgesamt 4x arbeiten = 96 (112) Maschen.
Diese Abnahmen an den gleichen Abnahmestellen noch 3 (4)x in jeder 6. Rd und anschließend noch 2x in jeder 4. Rd wiederholen, dabei verringert sich die Maschenzahl zwischen den Abnahmen = 16 Maschen. Die restlichen 16 M mit dem Faden zusammenziehen.

Fertigstellung: Den unteren Mützenrand ca. 10 cm nach außen umschlagen.

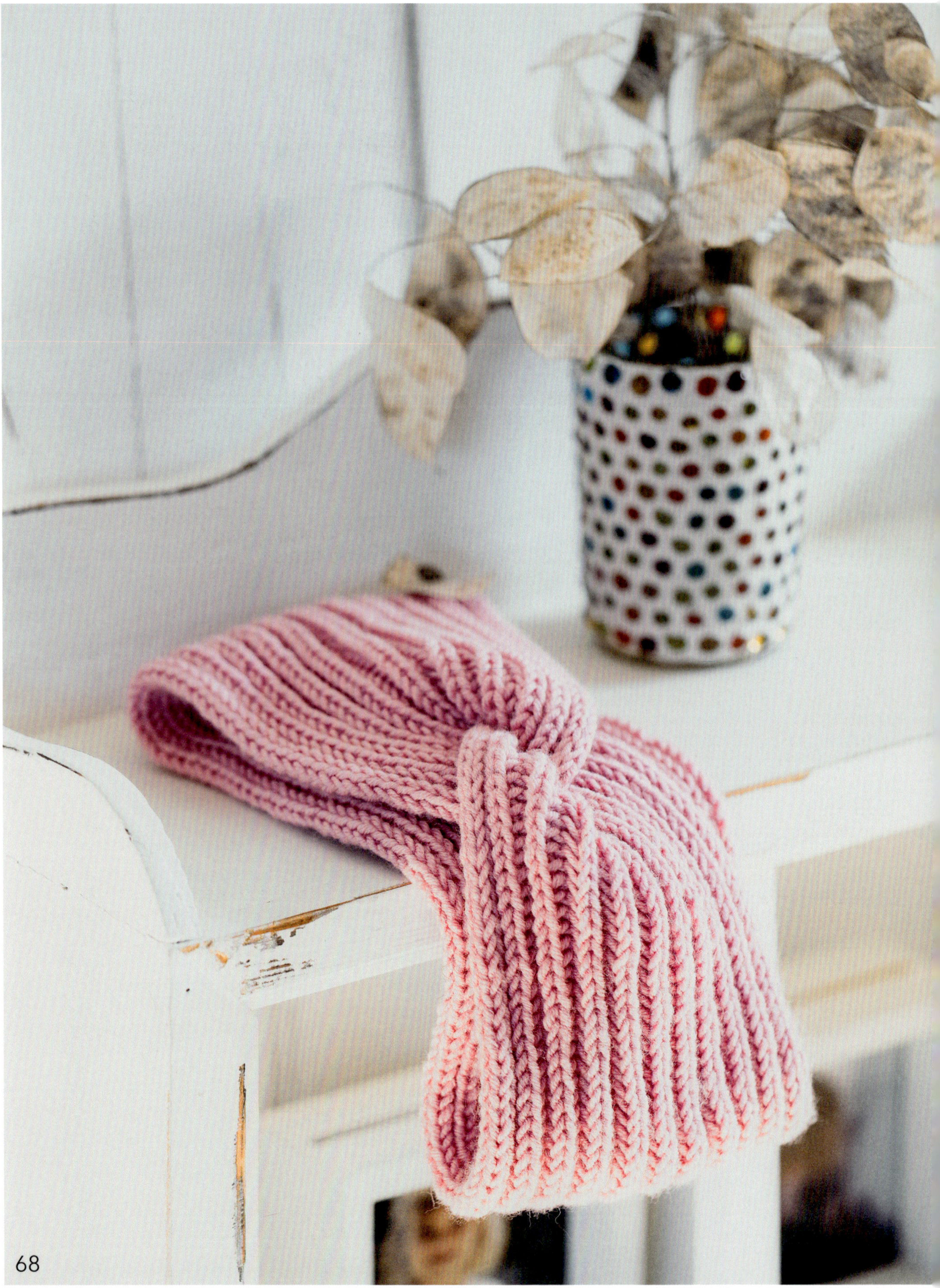

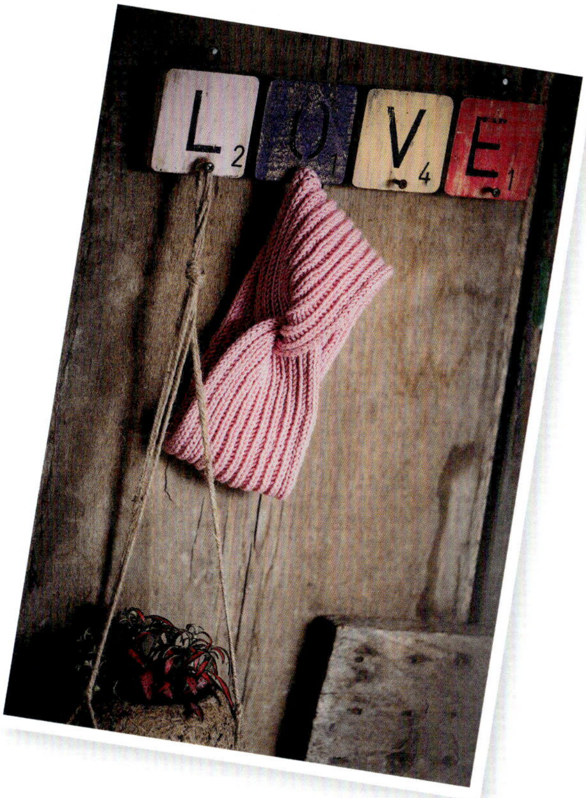

Stirnband

Schwierigkeitsgrad: mittel

Dieses Stirnband hat es in sich! Ein kleiner Trick beim Zusammennähen des schnell gestrickten Streifens im Vollpatentmuster von Seite 16 zaubert den Effekt eines Möbiusbandes.

Größe:
Alle Größen möglich

Material:
Online Linie 110 Timona (60 % Schurwolle, 40 % Polyarcyl, LL = 120 m/50 g): 50 g Rosa (Fb 90); Stricknadeln der Stärke 3,5 mm.

Muster:
Patentmuster
Maschenzahl teilbar durch 2 + 1
+ 6 I-Cord-Randmaschen
1. Reihe (Rückreihe): 3 M rechts, * 1 M rechts, 1 M mit Umschlag abheben; ab * stets wiederholen, 1 M rechts, 3 M abheben (Faden vor der Arbeit).
2. Reihe (Hinreihe): 3 M rechts, * 1 M mit Umschlag abheben, 1 M mit dem Umschlag rechts zusammen; ab * stets wiederholen, 1 M mit Umschlag abheben, 3 M abheben (Faden vor der Arbeit).
3. Reihe: 3 M rechts, * 1 M mit dem Umschlag rechts zusammen,1 M mit Umschlag abheben; ab * stets wiederholen, 1 M mit dem Umschlag rechts zusammen, 3 M abheben (Faden vor der Arbeit).

1x die 1. - 3. Reihe arbeiten, dann die 2. - 3. Reihe stets wiederholen.

I-Cord-Rand:
Die ersten 3 M jeder R rechts stricken und die letzten 3 M jeder R abheben (Faden vor der Arbeit).

Maschenprobe:
18 Maschen und 44 Reihen = 10 cm x 10 cm.

So wird's gemacht:

25 M anschlagen und im Patent stricken. Nach ca. 20 % weniger als der gewünschte Kopfumfang alle M abketten.

Fertigstellung: Das Stirnband der Länge nach zur Hälfte falten (die Rückseite nach außen legen) und den Anschlag- und Abkettrand ineinanderschieben, so dass die Schenkel wie zwei liegende „U"-s ineinandergreifen. Nun diese 4 Lagen zusammennähen. Das Stirnband auf die Vorderseite drehen; es hat sich eine „Schleife" gebildet.

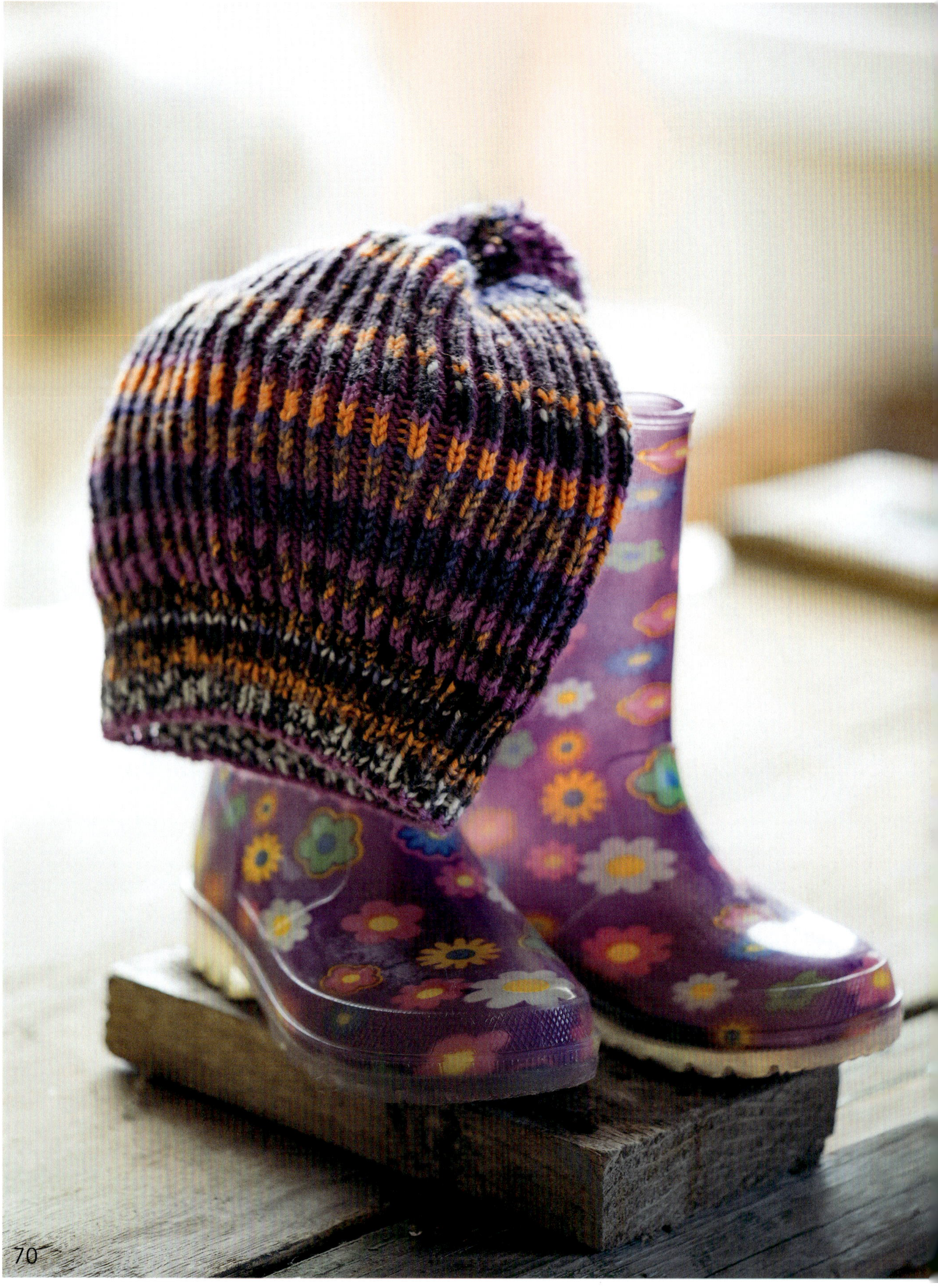

Kindermütze

Schwierigkeitsgrad: mittel

Ein fröhlicher Ringelmix aus 2 gestreiften Garnen, die im 2-farbigen Patentmuster von Seite 22 einfach abwechselnd rundgestrickt werden.

Größe:
39-41 (42-45 / 46-49) cm Kopfumfang
Die Angaben für die größeren Größen stehen hintereinander in Klammern. Steht nur eine Angabe, so gilt diese für alle Größen.

Material:
Schoppel Life Style (100 % Schurwolle, LL = 155 m/50 g): je 50 g Kleopatra (Fb 1863 magic) und Oleander (Fb 2473); Nadelspiel der Stärke 3 mm.

Muster:
Rippenmuster: 1 Masche rechts, 1 Masche links im Wechsel stricken.

Zweifarbiges Vollpatent in Runden
Maschenzahl teilbar durch 2
1. Runde (Oleander): * 1 M mit Umschlag abheben, 1 M links; ab * stets wiederholen.
2. Runde (Kleopatra): * 1 M mit dem Umschlag rechts zusammen, 1 M mit Umschlag abheben; ab * stets wiederholen.
3. Runde (Oleander): * 1 M mit Umschlag abheben, 1 M mit dem Umschlag links zusammen; ab * stets wiederholen.
1x die 1. - 3. Runde arbeiten, dann die 2. und 3. Runde stets wiederholen.

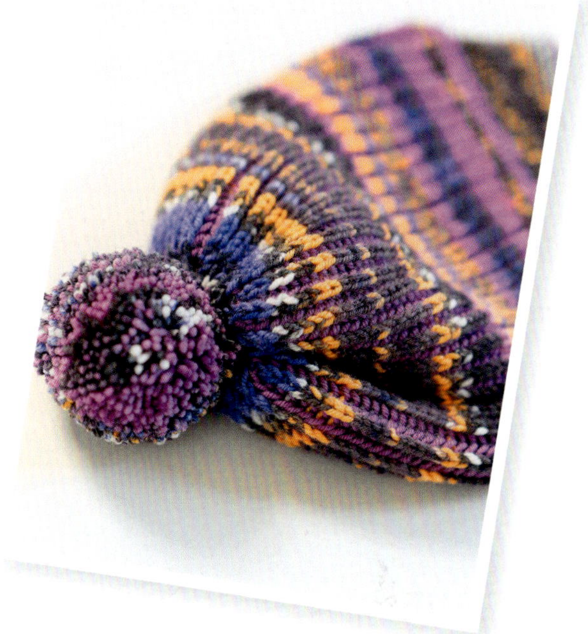

Maschenprobe:
22 Maschen und 60 Runden = 10 cm x 10 cm.

So wird's gemacht:

76 (84/92) M in Kleopatra anschlagen, gleichmäßig auf 4 Nadeln verteilen = 19 (21/23) M pro Nadel und für den Bund 4 cm = 16 Runden im Rippenmuster stricken, dabei mit 1 M rechts beginnen.
Dann im zweifarbigen Vollpatent weiterarbeiten. Nach 15 cm = 90 Runden ab Bund, nach einer Rd mit Oleander, in Kleopatra weiterarbeiten und für die Abnahmen abwechselnd 3 M rechts zusammen (dabei die dazugehörigen Umschläge mitfassen) und 1 M links = 38 (42/46) Maschen. Danach im Rippenmuster weiterarbeiten. In der folgenden 4. Rd stets 2 M rechts zusammen = 19 (21/23) Maschen. Die restlichen M mit dem Faden zusammenziehen.

Fertigstellung: Einen Pompon mit ca. 4 cm Durchmesser in beiden Farben anfertigen und an der Mützenspitze anbringen.

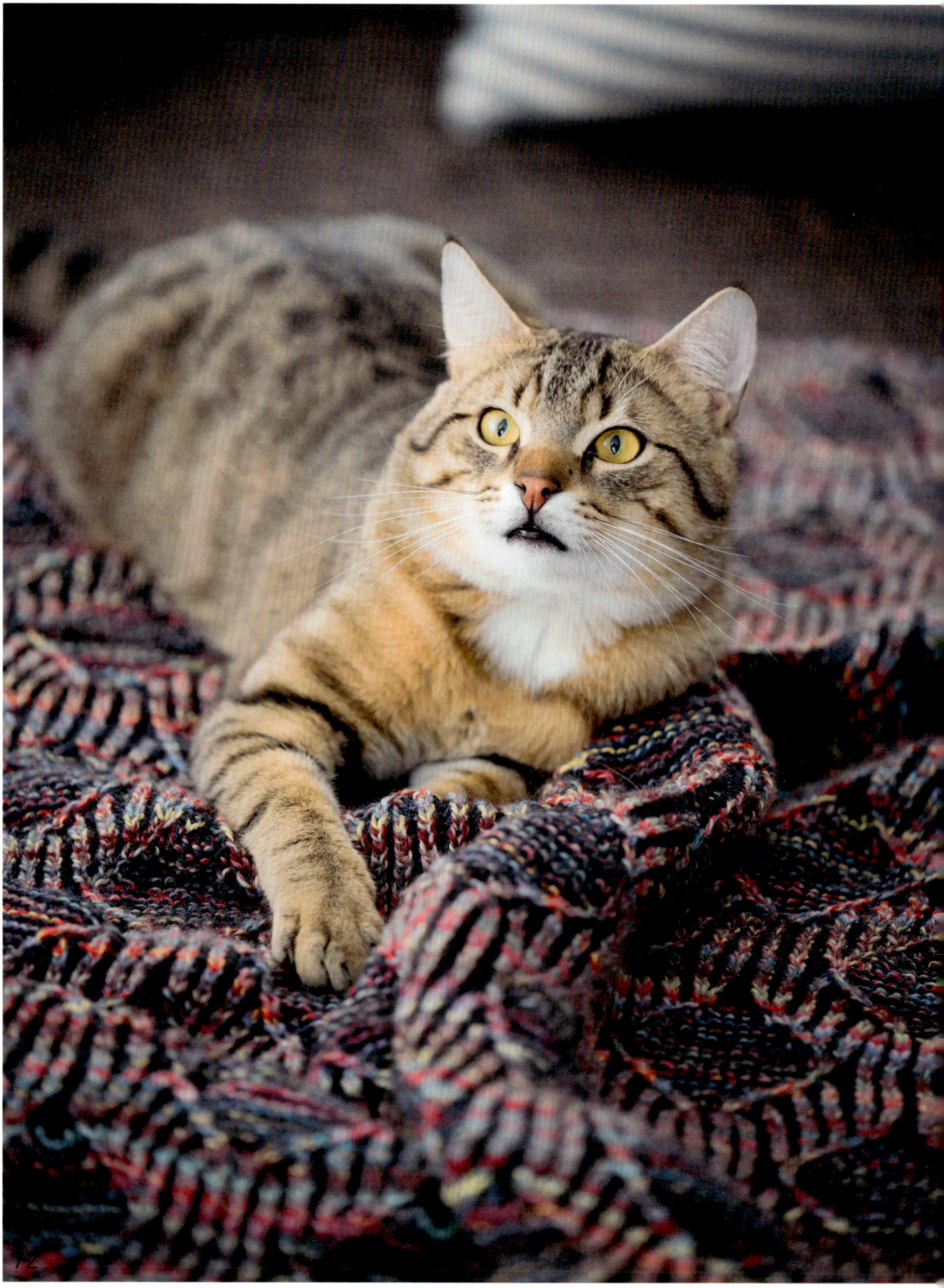

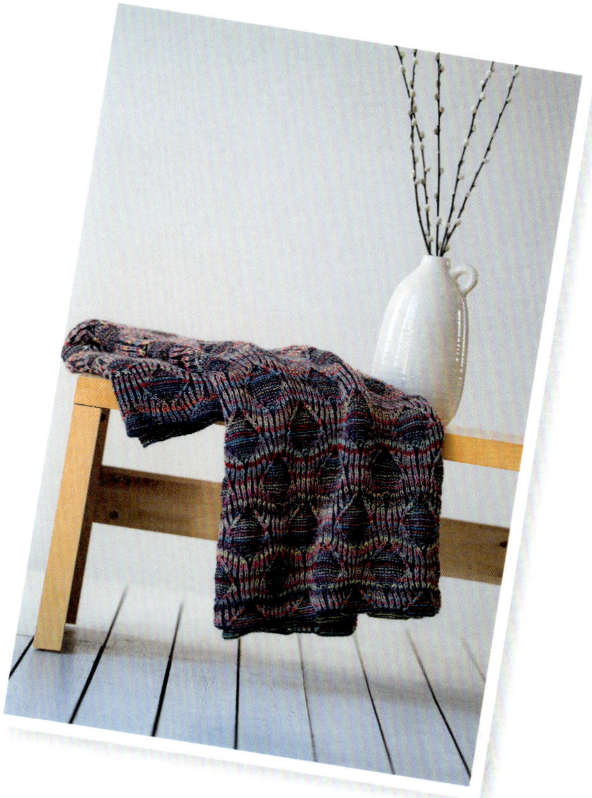

Decke

Schwierigkeitsgrad: anspruchsvoll

Durch die Kombination aus 2 in sich bereits gefärbten Garnen erhält das große Rautenmuster von Seite 29 neben seiner plastischen Patentstruktur eine herrliche Farbigkeit. Ein Stück, das Begehrlichkeiten weckt.

Größe:

128 cm x 167 cm

Material:

Schoppel Admiral Stärke 6 (75 % Schurwolle, 25 % Polyamid, LL = 400 m/150 g): 900 g Vintage Blue (Fb 4488M) und Zauberball Stärke 6 (75 % Schurwolle, 25 % Polyamid, LL = 400 m/150 g): 750 g Tapetenwechsel (Fb 2429); Rundstricknadel der Stärke 3 mm, 100 cm lang.

Muster:

Rippenmuster:

Maschenzahl teilbar durch 28 + 1 + 2 Randmachen. Nach Strickschrift arbeiten.
Es sind alle Hin- und Rückreihen eines Höhenrapportes notiert. Die Maschen sind so bezeichnet, wie sie gestrickt werden.
Es werden abwechselnd je 2 Hin- und 2 Rückreihen nacheinander gestrickt. Nach der ersten Rückreihe nicht wenden, sondern die Maschen an das andere Ende der Rundstricknadel schieben, mit der anderen Farbe erneut eine Rückreihe stricken. Dann erst wenden und auf gleiche Weise 2 Hinreihen nacheinander arbieten. Die Buchstaben hinter der Reihenziffer gibt die Farbe an, in der die Reihe gestrickt wird.

In den Hinreihen mit den doppelten RandM und den 28 M vor dem rechten Pfeil beginnen, den Rapport von 28 M zwischen den Pfeilen stets wiederholen und mit den 29 M und den doppelten RandM nach dem linken Pfeil enden. Es sind Hin- und Rückreihen gezeichnet.

1x die 1. - 33. Reihe arbeiten, dabei mit 2 Rückreihen beginnen und enden. Dann die 2. - 33. Reihe stets wiederholen.

Doppelte Randmaschen:

Hinreihe: Die 1. M rechts stricken, die 2. M abheben (Faden hinter der Arbeit); am Ende der Reihe die vorletzte M abheben (Faden hinter der Arbeit) und die letzte M rechts stricken.
Rückreihe: Die 1. M abheben (Faden vor der Arbeit), die 2. Masche links stricken; am Ende der Reihe die vorletzte M links stricken und die letzte Masche abheben (Faden vor der Arbeit).

Streifenfolge:

1 Reihe Vintage Blue und 1 Reihe Tapetenwechsel im Wechsel stricken.

Maschenprobe:

24 Maschen und 22,5 Reihen = 10 cm x 10 cm.

So wird's gemacht:

397 M in Vintage Blue anschlagen und 290 R im Patentmuster in der Streifenfolge stricken. Dann alle M locker abketten.

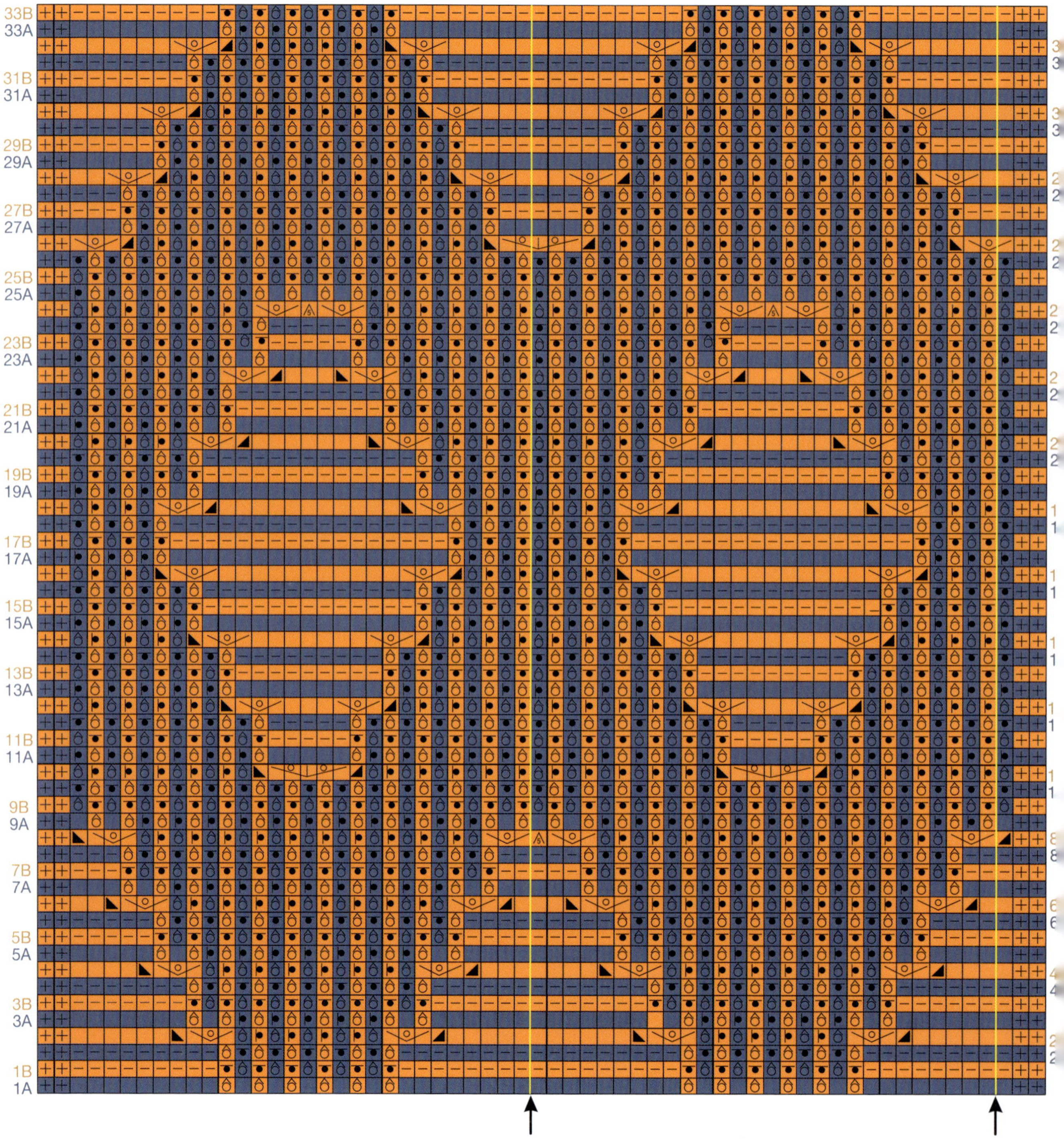

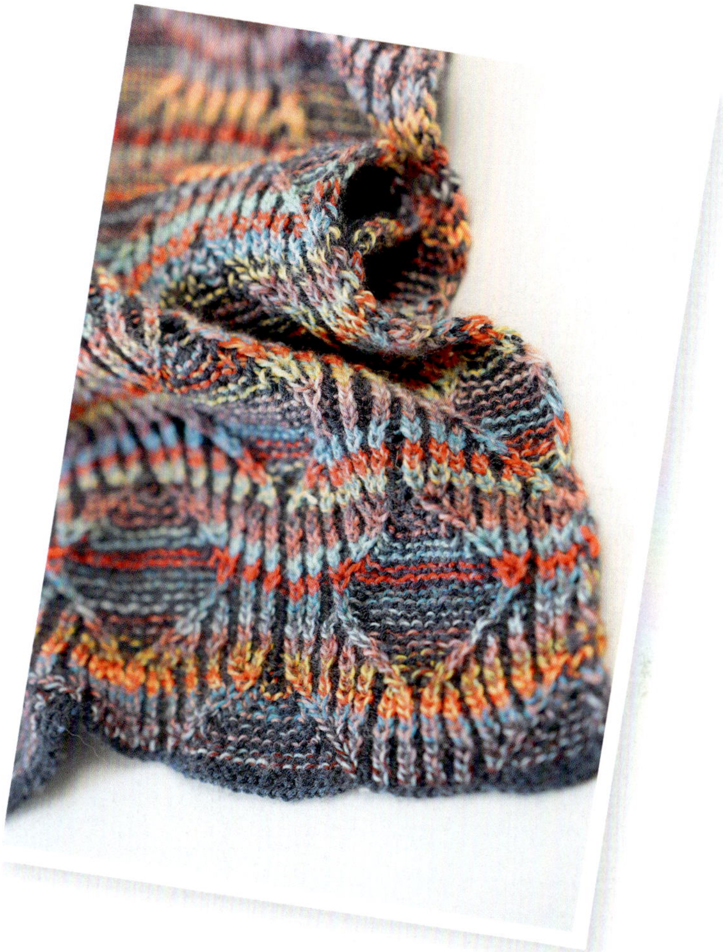

= Doppelte Randmaschen (s. Seite 11)
= 1 Masche rechts
= 1 Masche links
= 1 Masche mit Umschlag abheben
= 1 Masche mit dem Umschlag rechts zusammenstricken
= 1 Masche mit dem Umschlag links zusammenstricken
= 3 Maschen rechts zusammenstricken
= 3 Maschen rechts überzogen zusammenstricken (= 1 Masche wie zum Rechtsstricken abheben, 2 Maschen rechts zusammenstricken, dann die abgehobene Masche überziehen)
= 5 Maschen rechts zusammenstricken
= 3 Maschen aus 1 Masche herausstricken (= 1 Masche rechts, 1 Umschlag, 1 Masche rechts)
= 5 Maschen aus 1 Masche herausstricken (= 1 Masche rechts, 1 Umschlag, 1 Masche rechts, 1 Umschlag, 1 Masche)

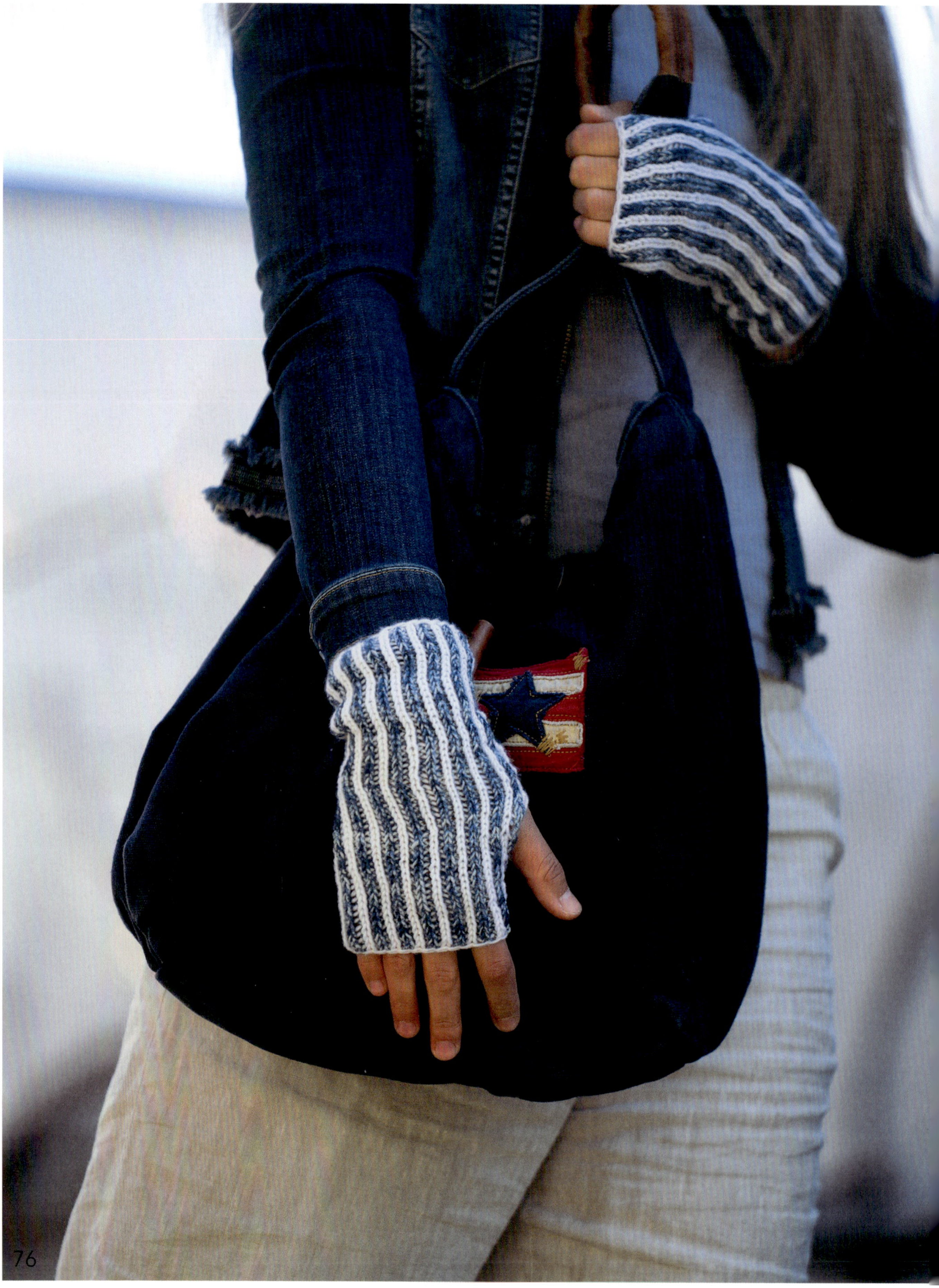

Stulpen

Schwierigkeitsgrad: mittel

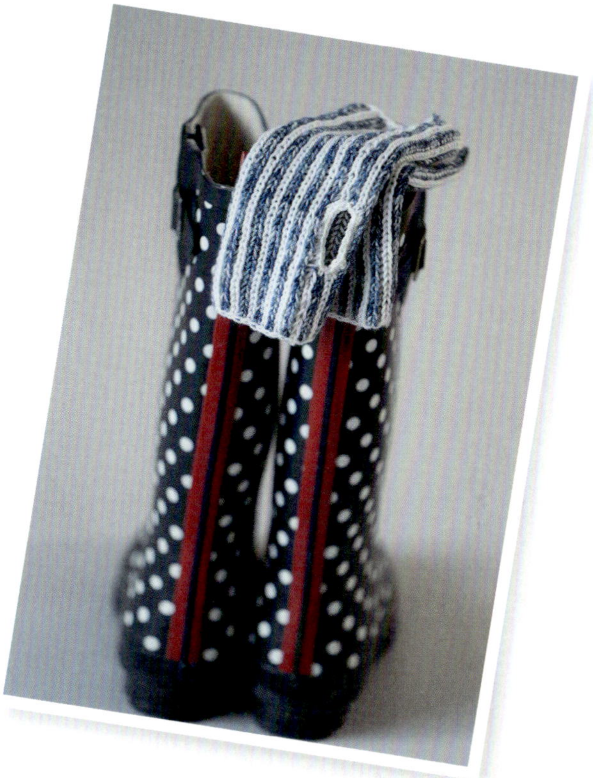

Die nahtlos in Runden gestrickten Stulpen im zweifarbigen Vollpatentmuster von Seite 22 lassen sich von beiden Seiten tragen. Da beide Musterseiten anders aussehen, verändert sich der Look beim Wenden.

Größe:
Umfang: 18 (20/22) cm, Länge: 22 cm
Die Angaben für die größeren Größen stehen hintereinander in Klammern. Steht nur eine Angabe, so gilt diese für alle Größen.

Material:
Buttinette Woll Butt Primo Madeleine 150 (100 % Schurwolle, LL = 150 m/50 g): je 50 g Wollweiß (Fb 52.142.30) und Blau Color (Fb 52.270.13); Nadelspiel in Stärke 3 mm, Häkelnadel in Stärke 3 mm.

Muster:
Zweifarbiges Vollpatent in Runden:
Maschenzahl teilbar durch 2
1. Runde (Wollweiß): * 1 M mit Umschlag abheben, 1 M rechts; ab * stets wiederholen.
2. Runde (Blau Color): * 1 M mit dem Umschlag rechts zusammen, 1 M mit Umschlag abheben; ab * stets wiederholen.
3. Runde (Wollweiß): * 1 M mit Umschlag abheben, die M mit dem Umschlag rechts zusammen; ab * stets wiederholen.

1x die 1. - 3. Runde arbeiten, dann die 2. - 3. Runde stets wiederholen.

Zweifarbiges Vollpatent in Reihen:
Maschenzahl teilbar durch 2 + 1 + 2 Randmaschen.

Für dieses Muster werden abwechselnd je 2 Hin- und 2 Rückreihen nacheinander gestrickt. Nach der ersten Hinreihe die Maschen an das andere Ende der Nadel schieben und mit der anderen Farbe erneut eine Hinreihe stricken. Dann erst die erste Rückreihe stricken, danach wieder die Maschen an das andere Ende der Nadel schieben usw.

1. Reihe (Hinreihe, Blau Color): RandM abheben, * 1 M mit dem Umschlag rechts zusammens, 1 M mit Umschlag abheben; ab * stets wiederholen, 1 M mit dem Umschlag rechts zusammen, RandM abheben.
2. Reihe (Hinreihe, Wollweiß): RandM rechts, * 1 M mit Umschlag abheben, 1 M mit dem Umschlag rechts zusammen; ab * stets wiederholen, 1 M mit Umschlag abheben, RandM rechts.
3. Reihe (Rückreihe, Blau Color): RandM abheben, * 1 M mit dem Umschlag links zusammen, 1 M mit Umschlag abheben; ab * stets wiederholen, die M mit dem Umschlag links zusammen, RandM abheben.
4. Reihe (Rückreihe, Wollweiß): RandM rechts, * 1 M mit Umschlag abheben, 1 M mit dem Umschlag links zusammen; ab * stets wiederholen, 1 M mit Umschlag abheben, RandM rechts.

Die 1. – 4. Reihe stets wiederholen.

Maschenprobe:

17 Maschen und 52 Runden/Reihen = 10 cm x 10 cm.

So wird's gemacht:

28 (32/36) M in Wollweiß anschlagen, gleichmäßig auf 4 Nadeln verteilen = 7 (8/9) M pro Nadel und im Vollpatent in Runden stricken. Nach 14 cm = 67 Runden ab Anschlag für den Daumenschlitz in Hin- und RückR mit der Rundstricknadel weiterarbeiten, dafür die 1. M abketten = 27 (31/35) Maschen. Nun im Vollpatent in Reihen weiterarbeiten. Nach 17 cm = 82 Runden/Reihen ab Anschlag wieder im Vollpatent in Runden weiterarbeiten, dabei über der abgeketteten Masche nun 1 Masche dazu anschlagen und die Maschen wieder gleichmäßig auf 4 Nadeln verteilen = 7 (8/9) Maschen pro Nadel. Nach 22 cm = 106 Runden ab Anschlag alle Maschen in Wollweiß abketten.

Fertigstellung: Die Daumenschlitze jeweils mit 1 Rd in Wollweiß umhäkeln.

Hinweis: Diese Stulpen können auch gut mit der Innenseite nach außen getragen werden!

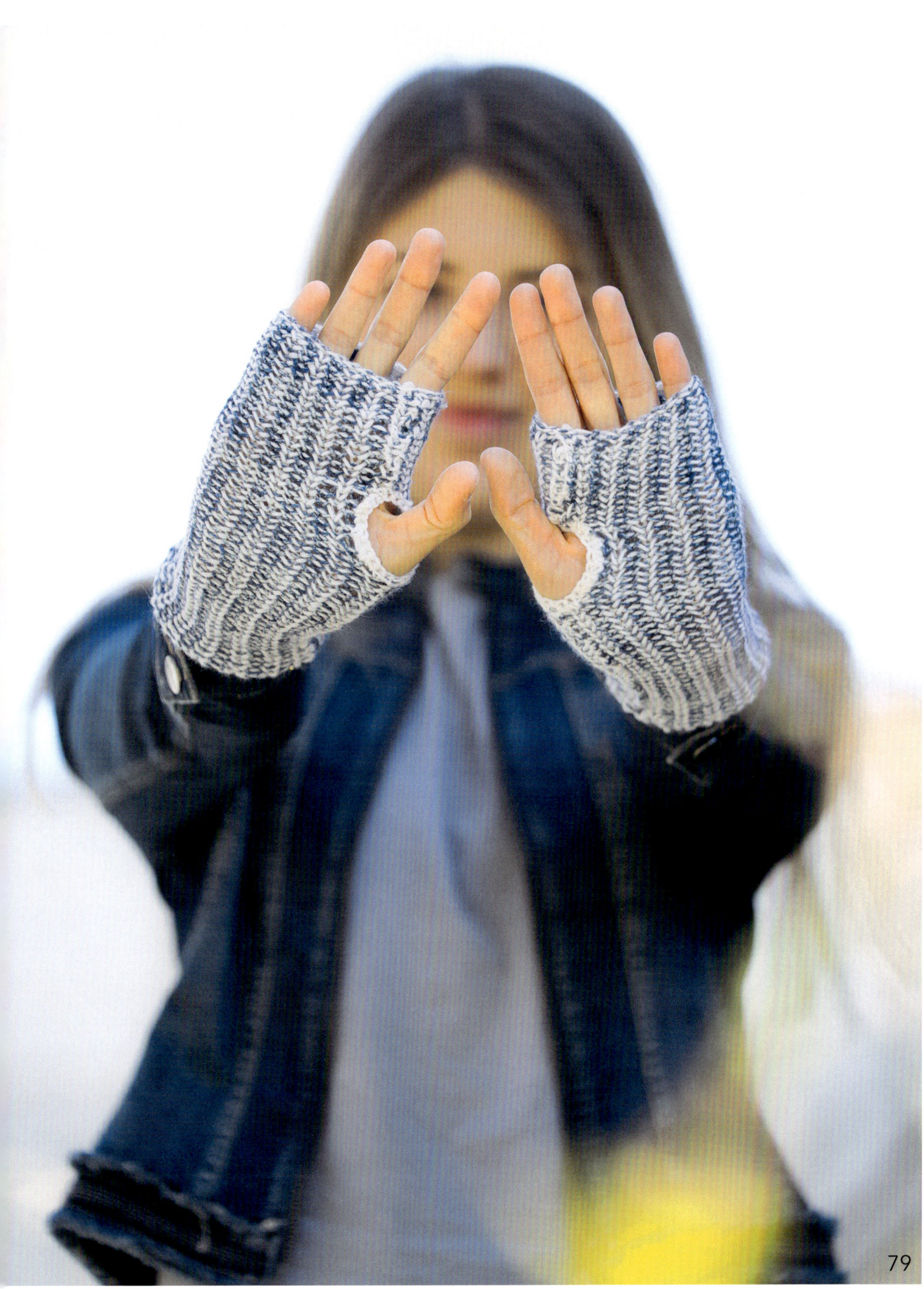

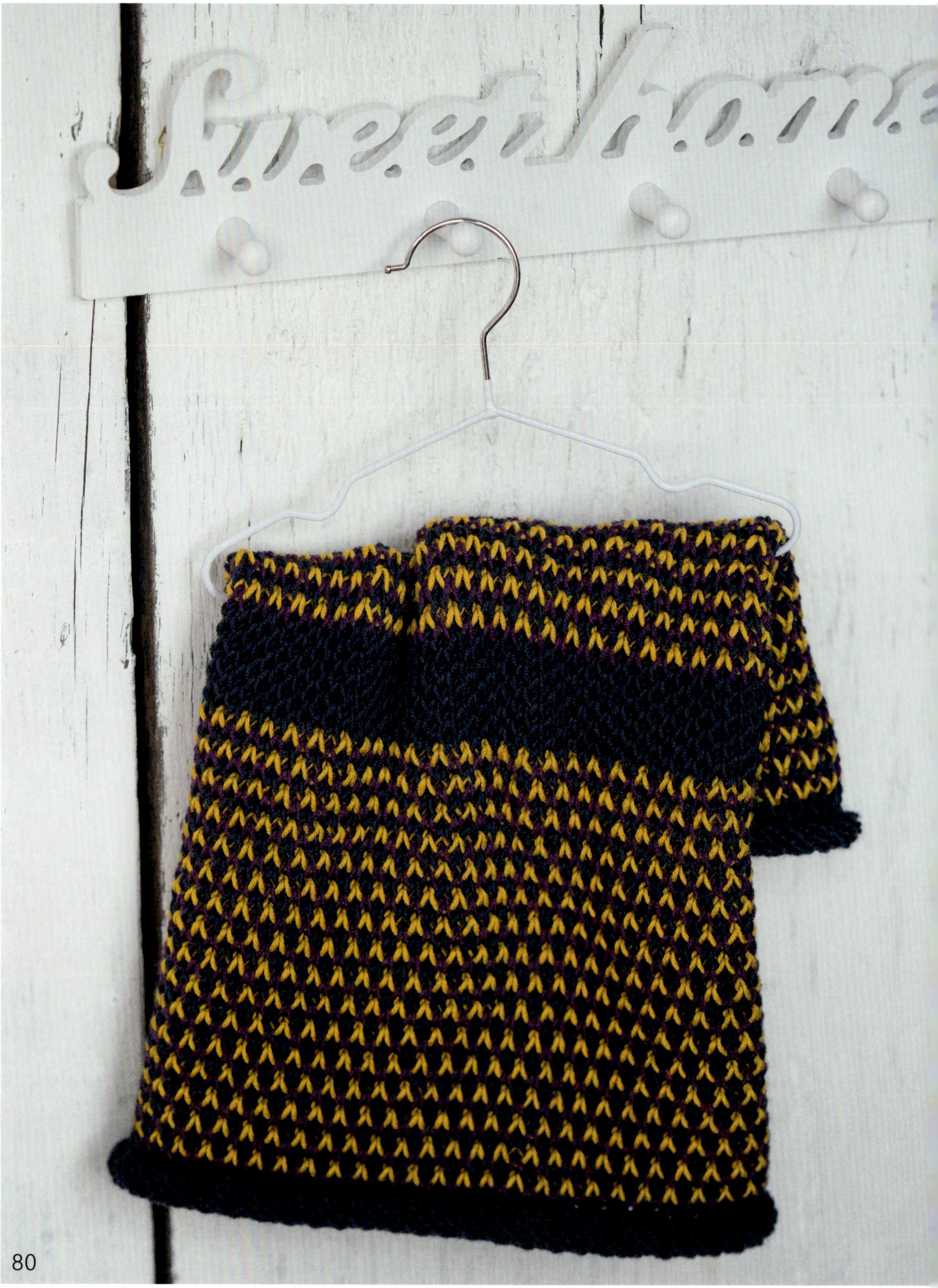

Loop

Schwierigkeitsgrad: mittel

Für den weichen, hohen Loop wird das Netzpatent von Seite 18 mit 3 Farben in Hin- und Rückreihen gestrickt und die hintere Naht ganz zum Schluss geschlossen.

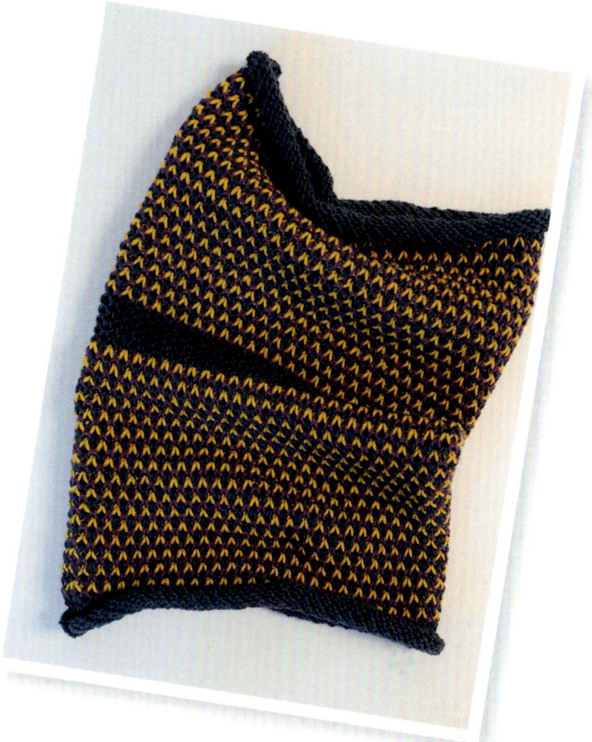

Größe:
Umfang: 65 cm
Höhe: 60 cm

Material:
Lana Grossa Cool Wool Big Melange (100 % Schurwolle, LL = 120 m/50 g): 150 g Blaugrün meliert (Fb 204) und je 100 g Dunkelviolett meliert (Fb 203) und Dunkeloliv/Olivgelb meliert (Fb 208); Stricknadeln in Stärke 4 mm.

Muster:
Netzpatent:
Maschenzahl teilbar durch 2 + 2 Randmaschen
1. Reihe (Rückreihe): RandM, * 1 M rechts, 1 M mit Umschlag abheben; ab * stets wiederholen, RandM.
2. Reihe (Hinreihe): RandM, * 1 M und ihren Umschlag wie folgt getrennt stricken: die Masche rechts stricken, dann den Umschlag abheben (mit dem Faden hinter dem Umschlag), 1 M rechts; ab * stets wiederholen, RandM.
3. Reihe (Rückreihe): RandM, * 1 Masche mit Umschlag abheben, 1 M mit dem Umschlag rechts zusammen; ab * stets wiederholen, RandM.
4. Reihe: RandM, * 1 M rechts, 1 M und ihren Umschlag getrennt stricken; ab * stets wiederholen, RandM.
5. Reihe: RandM, * 1 M mit dem Umschlag rechts zusammen, 1 M mit Umschlag abheben; ab * stets wiederholen, RandM.

1x die 1. - 5. Reihe arbeiten, dann die 2. - 5. Reihe stets wiederholen.

Streifenfolge:
17 R Blaugrün meliert, * [2 R Dunkeloliv/Olivgelb meliert, 2 R Dunkelviolett meliert, 2 R Blaugrün meliert] 16x, 16 R Blaugrün meliert; ab * 2x arbeiten = 241 Reihen.

Maschenprobe:
17,5 Maschen und 48 Reihen = 10 cm x 10 cm.

So wird's gemacht:

110 M in Blaugrün meliert anschlagen und 241 R im Netzpatent in der Streifenfolge stricken. Dann alle M locker abketten.

Fertigstellung: Die hintere Naht schließen.

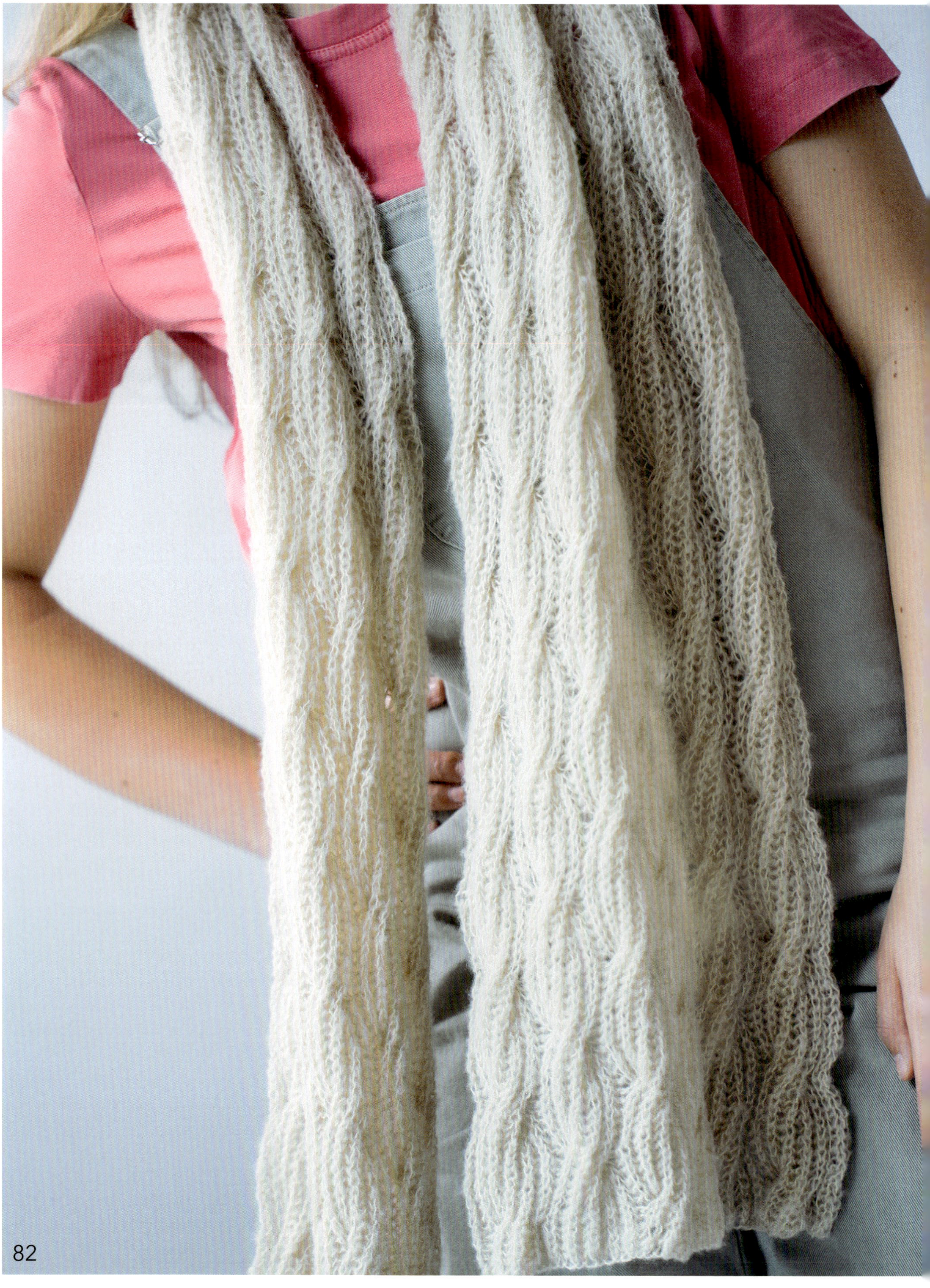

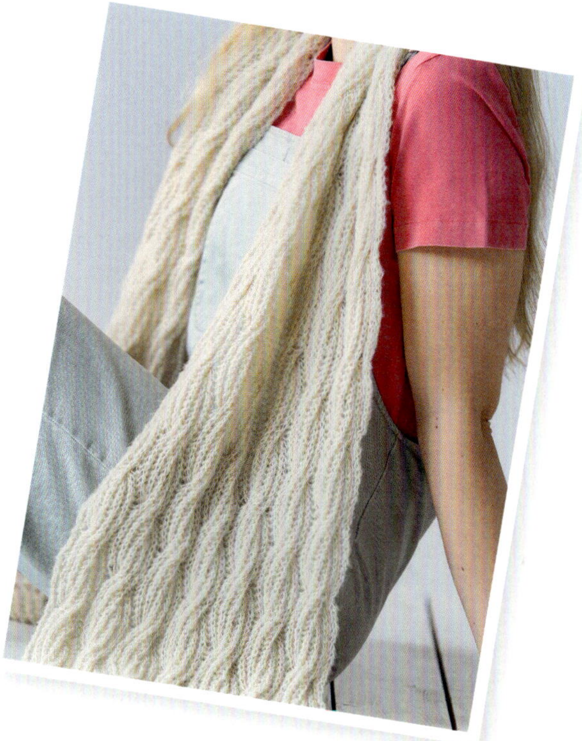

Schal

Schwierigkeitsgrad: mittel

Dass Patentgestricktes nicht schwer und kompakt daherkommen muss, beweist dieser Schal im Zopf-Vollpatent von Seite 54. Aus zartem Garn mit dicken Nadeln gestrickt ist er federleicht zu tragen.

Größe:
30 cm x 180 cm

Material:
Lana Grossa Cashmere Garzato (48 % Kaschmir, 34 % Baumwolle, 18 % Schurwolle, LL = 170 m/25 g): 125 g Beige (Fb 7); Stricknadeln in Stärke 5 mm.

Muster:
Zopfmuster
Maschenzahl teilbar durch 20 + 11 + 2 Doppelte Randmaschen. Nach Strickschrift arbeiten.
Es sind alle Hin- und Rückreihen eines Höhenrapportes notiert. Die Maschen sind so bezeichnet, wie sie gestrickt werden.
In den Hinreihen mit den doppelten RandM vor dem rechten Pfeil beginnen, den Rapport von 20 M zwischen den Pfeilen stets wiederholen und mit den 11 M und den doppelten RandM nach dem linken Pfeil enden. In den Rückreihen die Strickschrift entsprechend von links nach rechts lesen.
1x die 1. – 29. Reihe arbeiten, dabei mit einer Rückreihe beginnen und enden. Dann die 2. – 29. Reihe stets wiederholen.

Doppelte Randmaschen:
In den Hinreihen die 1. M rechts stricken, die 2. M abheben (Faden hinter der Arbeit); am Ende der R die vorletzte M abheben (Faden hinter der Arbeit) und die letzte M rechts stricken.
In den Rückreihen die 1. M abheben (Faden vor der Arbeit), die 2. M links stricken; am Ende der R die vorletzte M links stricken und die letzte M abheben (Faden vor der Arbeit).

Maschenprobe:
22 Maschen und 34 Reihen = 10 cm x 10 cm.

So wird's gemacht:

75 M anschlagen und 180 cm = 610 Reihen im Zopfmuster stricken. Dann alle M locker abketten.

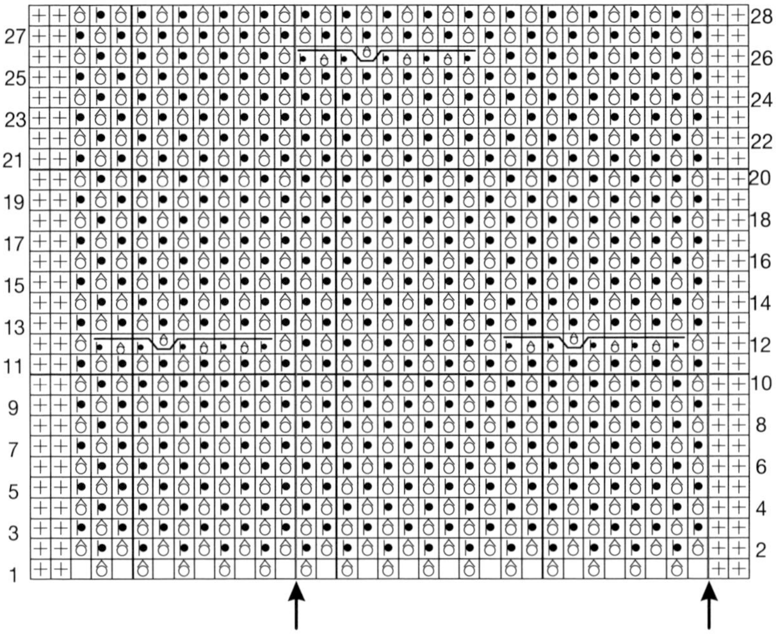

Zeichenerklärung:

- ++ = Doppelte Randmaschen (s. Seite 11)
- ☐ = 1 Masche rechts
- ☐ = 1 Masche mit Umschlag abheben
- ☐ = 1 Masche mit dem Umschlag rechts zusammenstricken
- ☐ = 3 Maschen auf eine Hilfsnadel hinter die Arbeit legen, 1 Masche auf eine zweite Hilfsnadel hinter die Arbeit legen, 5 Maschen mustergemäß stricken (= 1 Masche mit dem Umschlag rechts zusammenstricken und 1 Masche mit 1 Umschlag wie zum Linksstricken abheben im Wechsel stricken), dann die Masche der zweiten Hilfsnadel mit 1 Umschlag wie zum Linksstricken abheben und danach die 3 Maschen der 1. Hilfsnadel mustergemäß stricken (= 1 Masche mit dem Umschlag rechts zusammenstricken und 1 Masche mit 1 Umschlag wie zum Linksstricken abheben im Wechsel stricken)

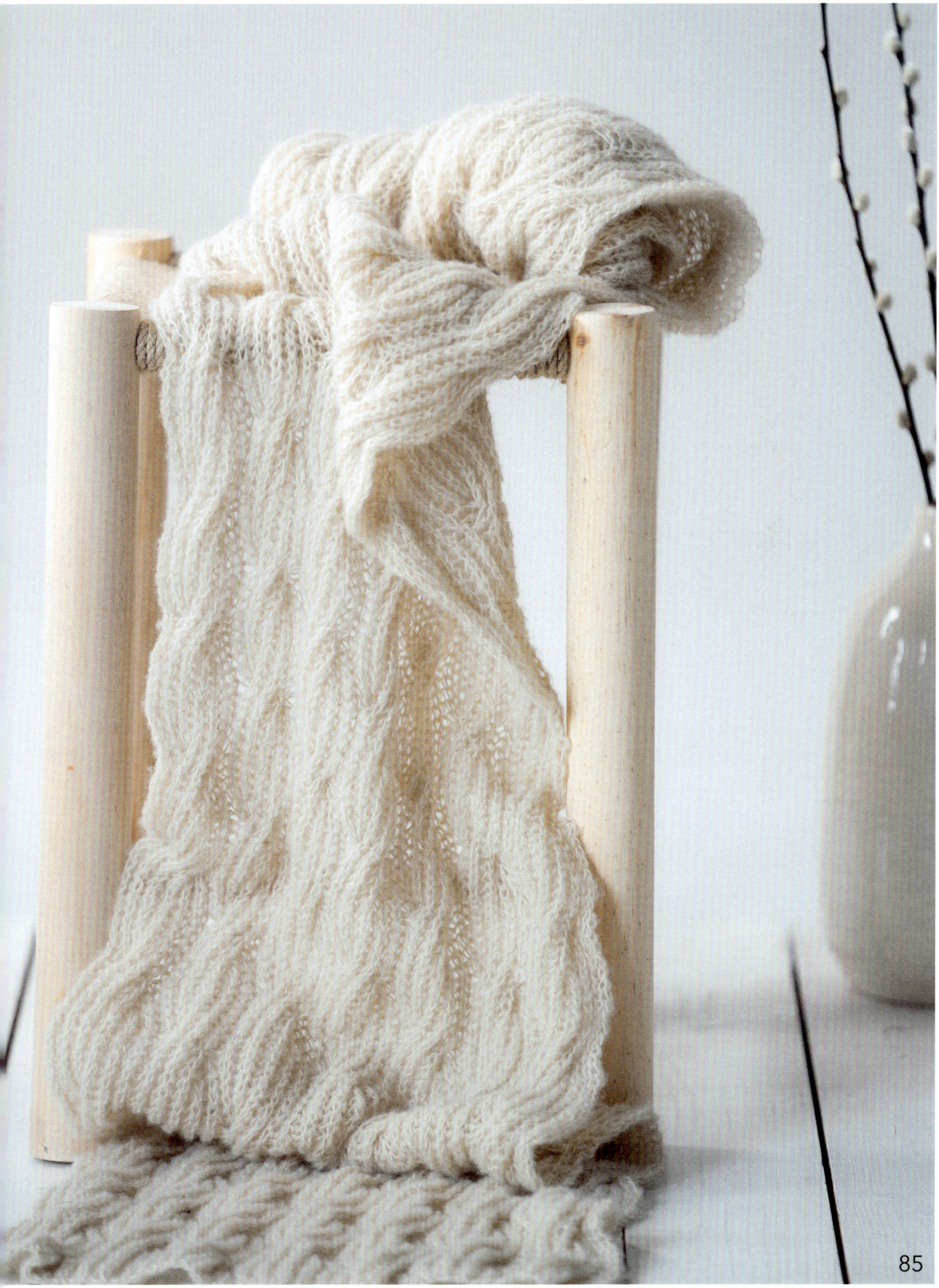

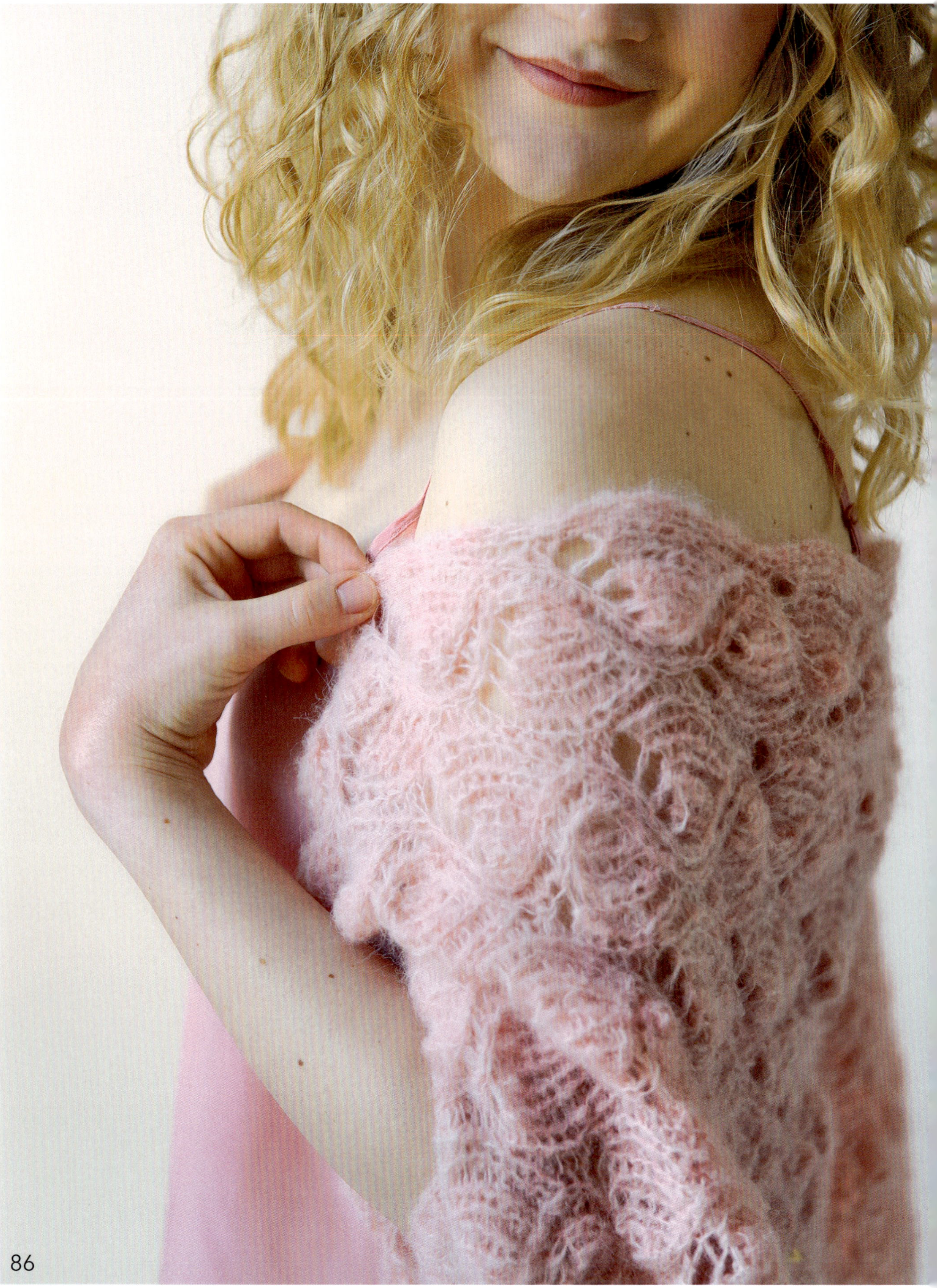

Seelenwärmer

Schwierigkeitsgrad: mittel

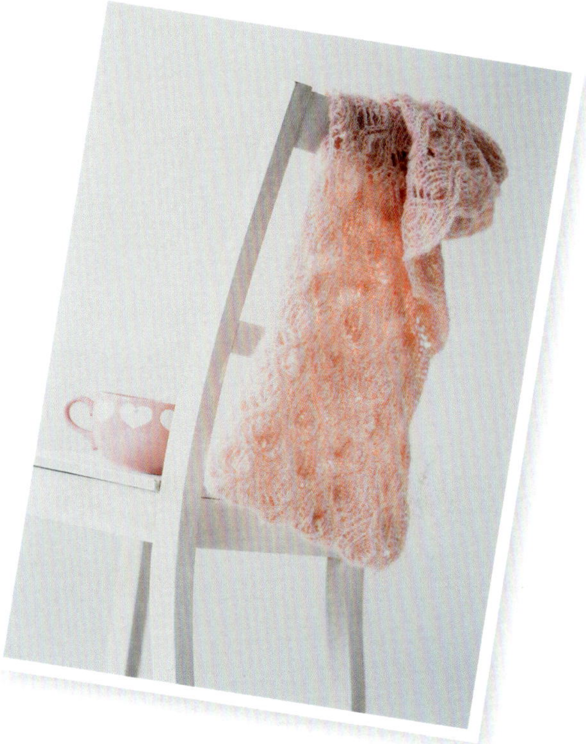

Ajour mit Patentmuster gestrickt aus aufgerautem Garn – wie gut das harmoniert zeigt der Seelenwärmer im Wellenajourmuster mit tiefgestochenen Maschen von Seite 50.

Größe:
36/38, 40/42 und 44/46
Die Angaben für die größeren Größen stehen hintereinander in Klammern. Steht nur eine Angabe, so gilt diese für alle Größen.

Material:
Lana Grossa Nuvoletta (42 % Alpaka, 42 % Schurwolle, 16 % Polyamid, LL = 250 m/50 g): 150 (150/200) g Rosa (Fb 4); Stricknadeln in Stärke 5 mm.

Muster:
Ajourmuster
Maschenzahl teilbar durch 12 + 1 + 2 Doppelte Randmaschen. Nach Strickschrift arbeiten.
Es sind alle Hin- und Rückreihen eines Höhenrapportes notiert. Die Maschen sind so bezeichnet, wie sie gestrickt werden.
In den Hinreihen mit den doppelten RandM vor dem rechten Pfeil beginnen, den Rapport von 12 M zwischen den Pfeilen stets wiederholen und mit der M und den doppelten RandM nach dem linken Pfeil enden.
In den Rückreihen die Strickschrift entsprechend von links nach rechts lesen.

Die 1. – 24. Reihe stets wiederholen.

Doppelte Randmaschen:
In den Hinreihen die 1. M rechts stricken, die 2. M abheben (Faden hinter der Arbeit); am Ende der R die vorletzte M abheben (Faden hinter der Arbeit) und die letzte M rechts stricken.
In den Rückreihen die 1. M abheben (Faden vor der Arbeit), die 2. M links stricken; am Ende der R die vorletzte M links stricken und die letzte M abheben (Faden vor der Arbeit).

Maschenprobe:
16,5 Maschen und 26,5 Reihen = 10 cm x 10 cm.

So wird's gemacht:

Den Seelenwärmer in einem Stück stricken: 101 (113/125) M anschlagen und 99,5 (108,5/117,5) cm = 264 (288/312) Reihen im Ajourmuster stricken. Dann alle M locker abketten.

Fertigstellung: Den Seelenwärmer längs zur Hälfte legen und die seitlichen Nähte schließen, dafür die Anschlag- bzw. Abkettreihen über 20 (21/23) cm zusammennähen. Die mittleren 11 (13/15) cm bleiben für die Armausschnitte offen.

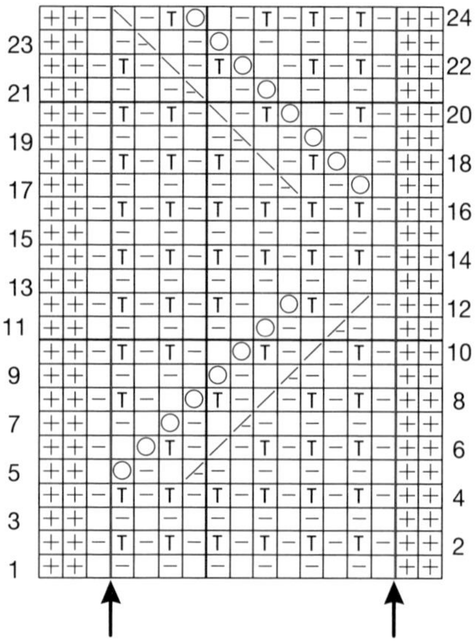

Zeichenerklärung:

- ++ = Doppelte Randmaschen (s. Seite 11)
- □ = 1 Masche rechts
- − = 1 Masche links
- ○ = 1 Umschlag
- T = 1 tiefgestochene Masche (in die Masche 1 Reihe tiefer einstechen und diese rechts stricken; dabei löst sich die Masche der zuletzt gestrickten Reihe auf)
- / = 2 Maschen rechts zusammenstricken
- \ = 2 Maschen rechts überzogen zusammenstricken (= 1 Masche wie zum Rechtsstricken abheben, 1 Masche rechts stricken, dann die abgehobene Masche überziehen)
- ∠ = 2 Maschen links zusammenstricken
- ⦣ = 2 Maschen links verschränkt zusammenstricken (= 2 Maschen nacheinander wie zum Rechtsstricken abheben, zurück auf die linke Nadel legen und dann beide M links verschränkt zusammenstricken)

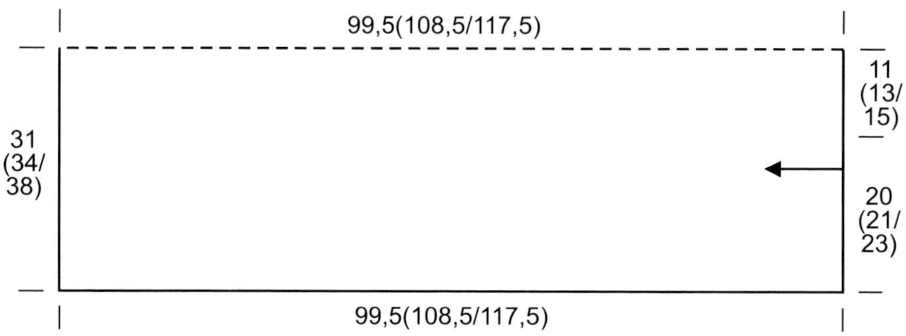

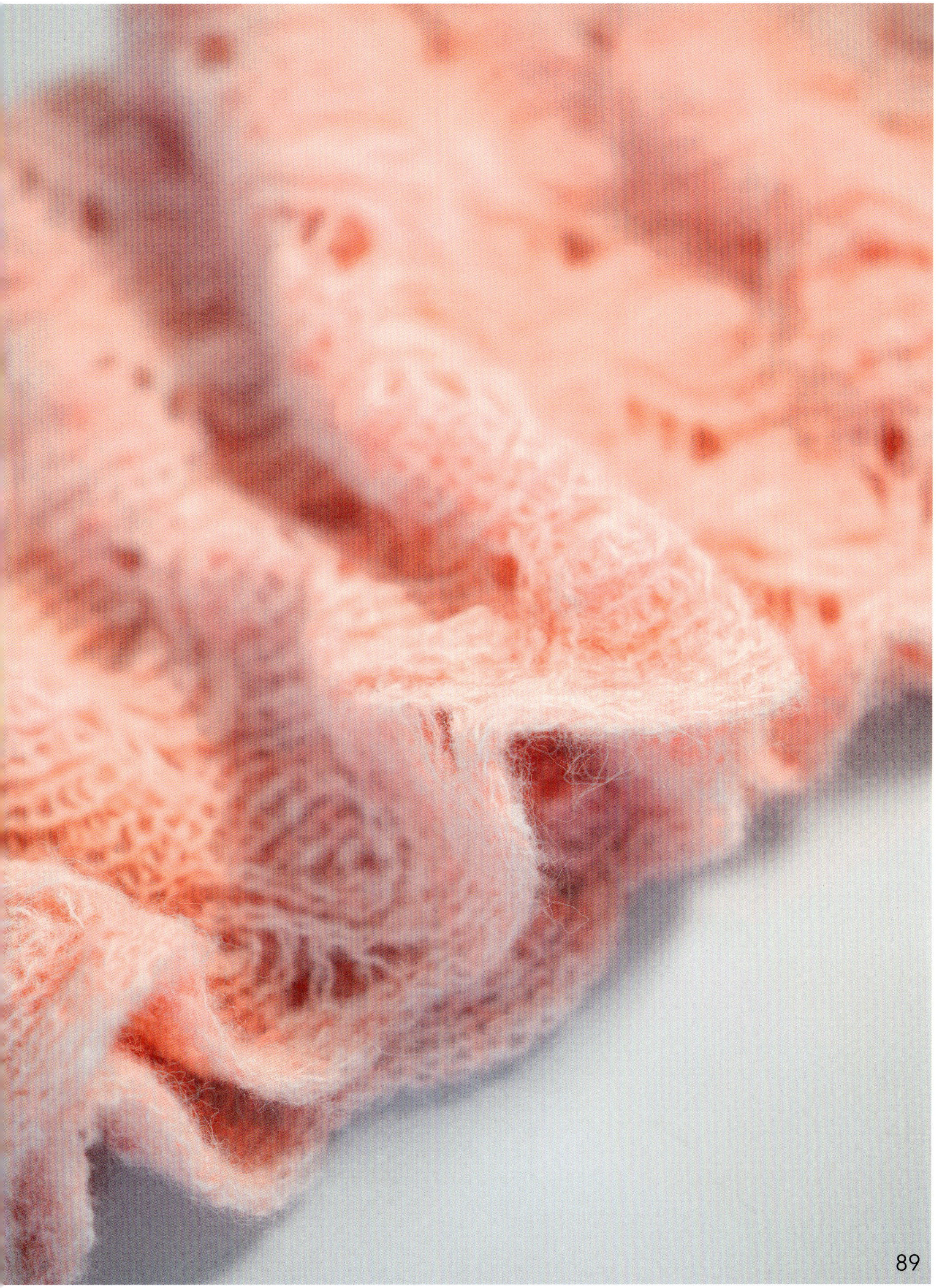

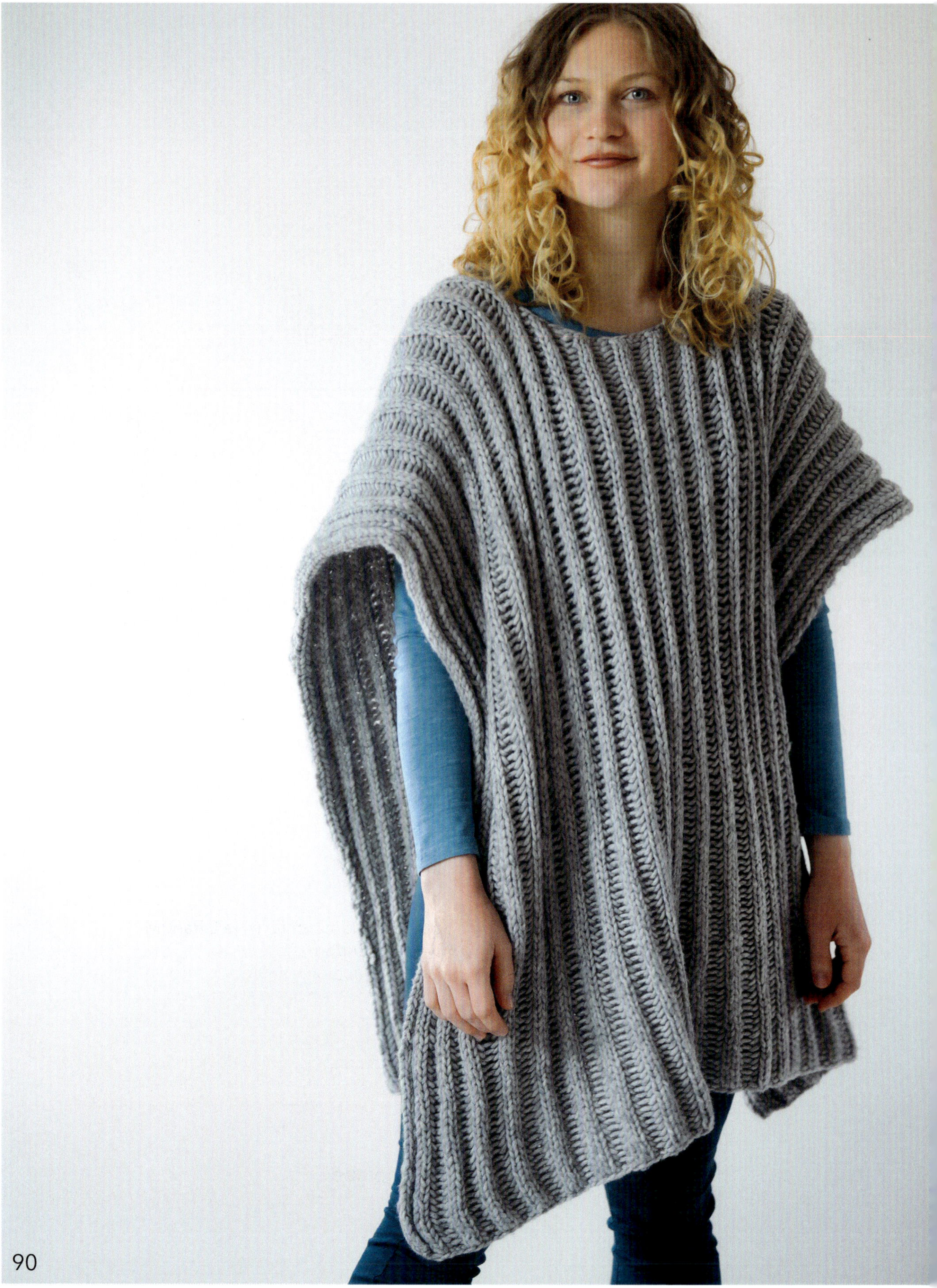

Ponco

Schwierigkeitsgrad: mittel

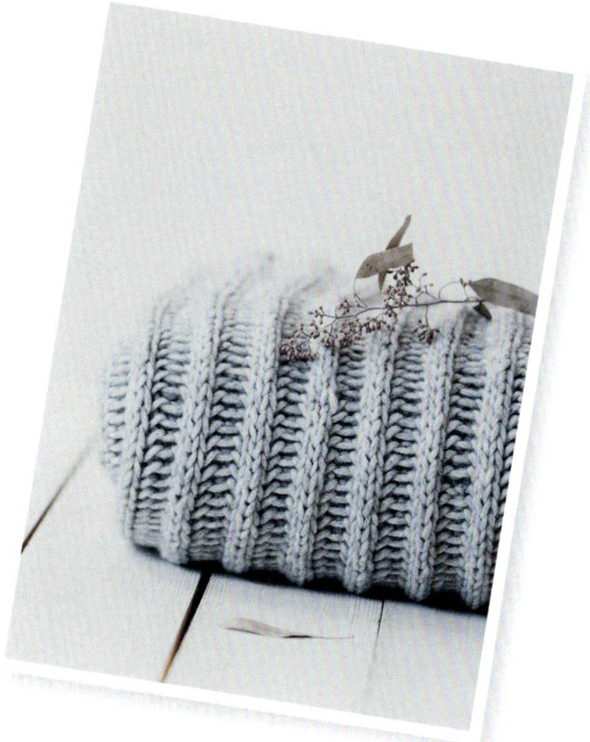

Aus dickem Garn gestrickt macht das Doppelpatent von Seite 20 den groben Poncho zu einem warmen Outdoor-Stück.

Größe:
36 - 46
Die Angaben für die größeren Größen stehen hintereinander in Klammern. Steht nur eine Angabe, so gilt diese für alle Größen.

Material:
Lana Grossa Lala Berlin Lovely Cotton (75 % Schurwolle, 25 % Baumwolle, LL = 90 m/50 g): 800 g Hellgrau (Fb 5); Stricknadeln in Stärke 8 mm.

Muster:
Doppelpatent
Maschenzahl teilbar durch 4 + 2 + 2 Doppelte Randmaschen
1. Reihe (Rückreihe): Doppelte RandM, * 2 M rechts, 1 M mit Umschlag abheben, 1 M mit Umschlag abheben; ab * stets wiederholen, 2 M rechts, Doppelte RandM.
2. Reihe (Hinreihe): Doppelte RandM, * 1 M mit Umschlag abheben, 1 M mit Umschlag abheben, 1 M mit dem Umschlag rechts zusammen, 1 M mit dem Umschlag rechts zusammen; ab * stets wiederholen, 1 M mit Umschlag abheben, 1 M mit Umschlag abheben, Doppelte RandM.
3. Reihe (Rückreihe): Doppelte RandM, * 1 M mit dem Umschlag rechts zusammen, 1 M mit dem Umschlag rechts zusammen, 1 M mit Umschlag abheben, 1 M mit Umschlag abheben; ab * stets wiederholen, 1 M mit dem Umschlag rechts zusammen, 1 M mit dem Umschlag rechts zusammen, Doppelte RandM.

1x die 1. - 3. Reihe arbeiten, dann die 2. - 3. Reihe stets wiederholen.

Doppelte Randmaschen (= je 2 RandM an beiden Rändern):
In den Hinreihen die 1. M rechts stricken, die 2. M abheben (Faden hinter der Arbeit); am Ende der R die vorletzte M abheben (Faden hinter der Arbeit) und die letzte M rechts stricken.
In den Rückreihen die 1. M abheben (Faden vor der Arbeit), die 2. M links stricken; am Ende der R die vorletzte M links stricken und die letzte M abheben (Faden vor der Arbeit).

Maschenprobe:
11 Maschen und 26 Reihen = 10 cm x 10 cm.

So wird's gemacht:

Den Poncho über die Schulter hinweg in einem Stück stricken: 102 M anschlagen und im Doppelpatent stricken, dabei mit 1 RückR beginnen.

In 73 cm Gesamthöhe für den Halsausschnitt die mittleren 24 M abketten und in der folgenden R wieder dazu anschlagen. In 146 cm Gesamthöhe alle Maschen abketten.

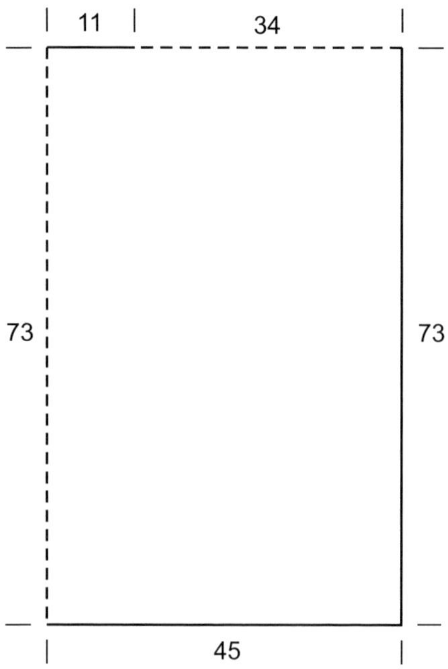

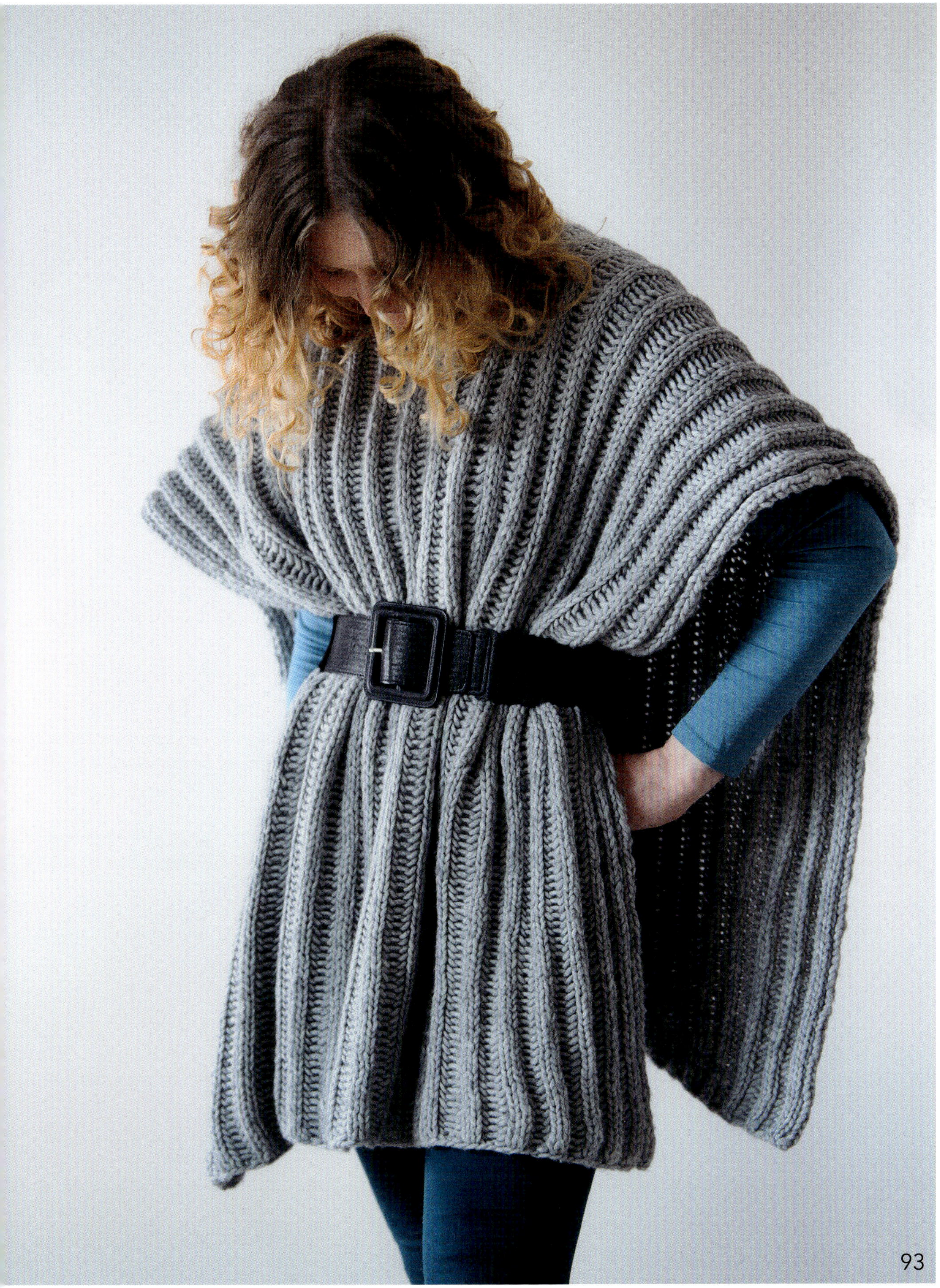

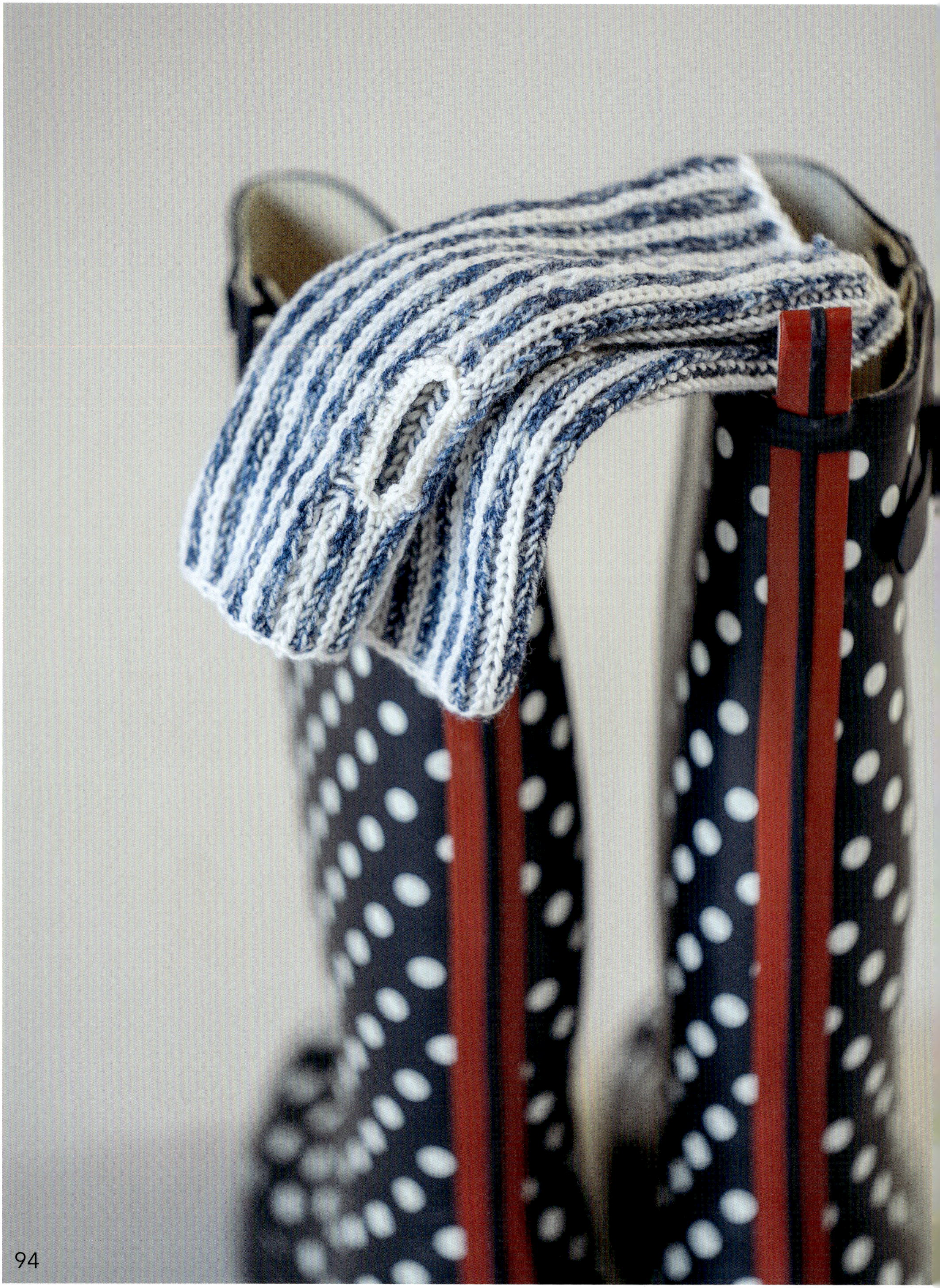

Ebenfalls erhältlich ...

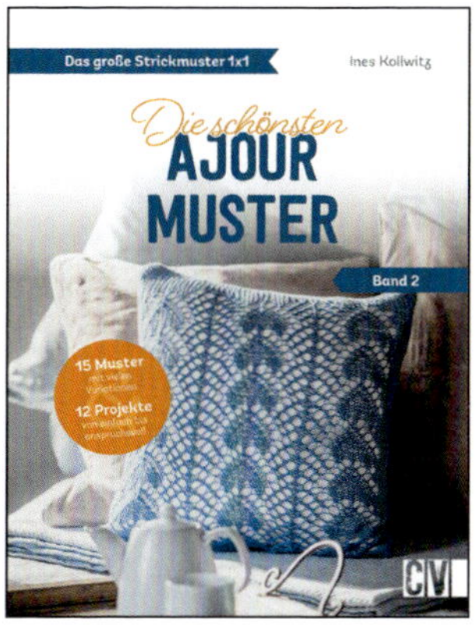

ISBN 978-3-8410-6623-7

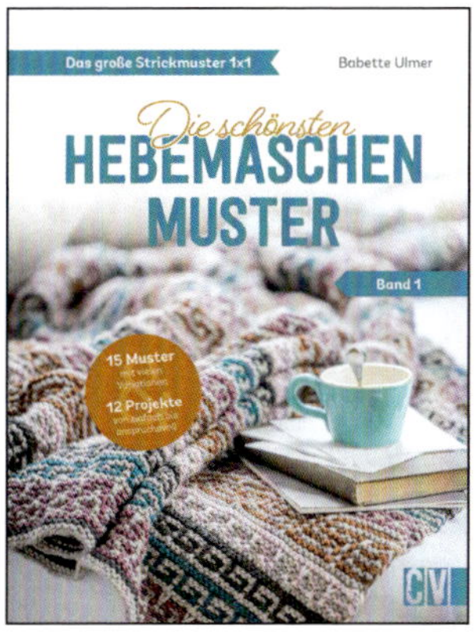

ISBN 978-3-8410-6640-4

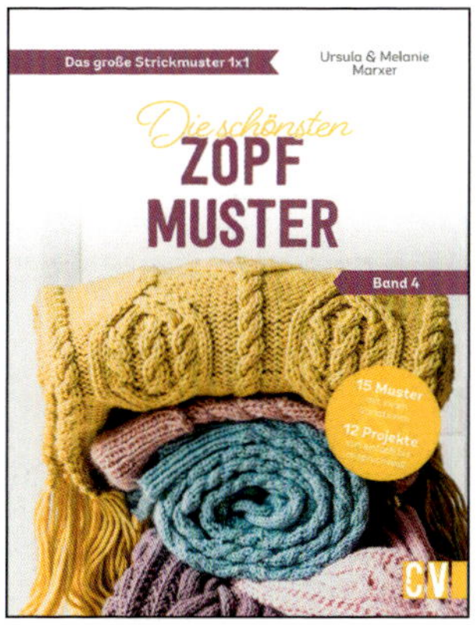

ISBN 978-3-8410-6670-1

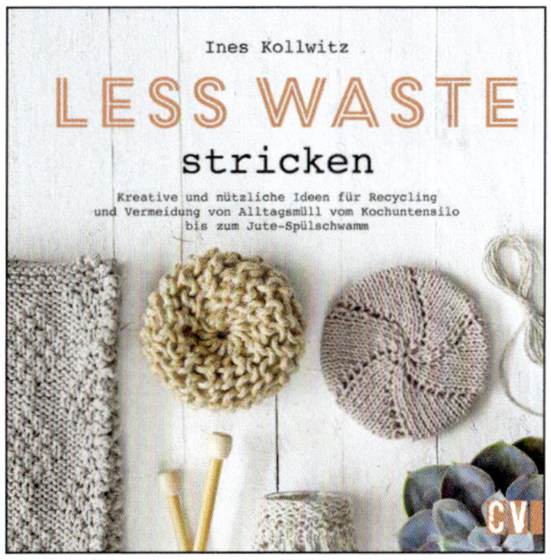

ISBN 978-3-8410-6618-3

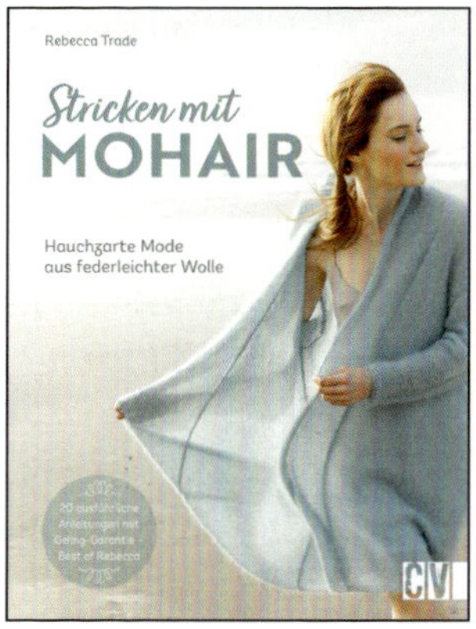

ISBN 978-3-8410-6632-9

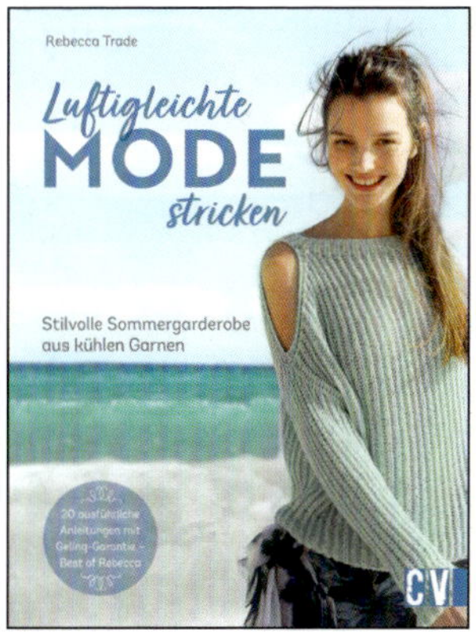

ISBN 978-3-8410-6633-6

www.christophorus-verlag.de

Impressum

Autorin: Babette Ulmer
Realisation: Helgrid van Impelen
Fotos & Styling: Anne Schulz
Produktmanagement extern:
Stephanie van der Linden
Lektorat: Stephanie van der Linden
Korrektorat: Anna Maier
Umschlaggestaltung: Regina Degenkolbe
Layout-Konzept und Satz: Ina Mielkau
Repro: LUDWIG:media
Herstellung: Kathleen Baumann
Printed in Slovakia by Neografia

★ ★ ★ ★ ★

Sind Sie mit diesem Titel zufrieden? Dann würden wir uns über Ihre Weiterempfehlung freuen. Erzählen Sie es im Freundeskreis, berichten Sie Ihrem Buchhändler oder bewerten Sie beim Onlinekauf.
Und wenn Sie Kritik, Korrekturen oder Aktualisierungen haben, freuen wir uns über Ihre Nachricht an Christophorus Verlag, Postfach 40 02 09, 80702 München oder per E-Mail an lektorat@verlagshaus.de.

Unser komplettes Programm finden Sie unter

www.christophorus-verlag.de

Alle gezeigten Modelle, Illustrationen und Fotos sind urheberrechtlich geschützt. Eine gewerbliche Nutzung ist untersagt. Dies gilt auch für eine Vervielfältigung bzw. Verbreitung über elektronische Medien. Autor/Autorin und Verlag haben alle Angaben und Anleitungen mit größtmöglicher Sorgfalt zusammengestellt. Dennoch kann bei Fehlern keinerlei Haftung für direkte oder indirekte Folgen übernommen werden. Stoffe, Materialien und Modelle können von den jeweiligen Originalen abweichen. Die bildliche Darstellung ist unverbindlich.

Sollte dieses Werk Links auf Webseiten Dritter enthalten, so machen wir uns die Inhalte nicht zu eigen und übernehmen für die Inhalte keine Haftung.

Die abgebildeten Strickstücke wurden angefertigt von Birgit Schwer, Eva Huber, Maria Böhly, Gisela Jäger, Brigitte Möller und Babette Ulmer.

Für die großzügige Bereitstellung der von uns verwendeten Garne bedanken wir uns herzlich bei Austermann Vertriebs GmbH (Süssen), Buttinette (Wertingen), Junghans-Wolle (Aachen), LANA GROSSA Mode mit Wolle Handels- und Vertriebs GmbH (Gaimersheim), ONline Klaus Koch GmbH (Stadtallendorf, Schoppel Wolle (Wallhausen), SCHULANA GmbH & Co. KG (München).

Die Deutsche Nationalbibliothek verzeichnet diese Publikation in der Deutschen Nationalbibliografie; detaillierte bibliografische Daten sind im Internet über http://dnb.d-nb.de abrufbar.

© 2021 Christophorus Verlag in der
Christian Verlag GmbH, München
Infanteriestraße 11a
D 80797 München

Alle Rechte vorbehalten

ISBN 978-3-8410-6671-8

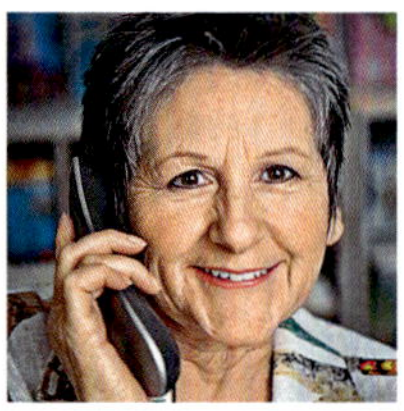

Kreativ-Service

Sie haben Fragen zu den Büchern und Materialien? Frau Erika Noll ist für Sie da und berät Sie rund um alle Kreativthemen. Rufen Sie an! Wir interessieren uns auch für Ihre eigenen Ideen und Anregungen. Sie erreichen Frau Noll per E-Mail: **kreativ-service@c-verlag.de** oder Tel.: **+49 (89) - 13 06 99-577.**